什么是真实？

物理天才马约拉纳的失踪

[意] 吉奥乔·阿甘本（Giorgio Agamben）｜著

温　琰｜译

WUXU｜校

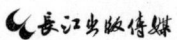

长江出版传媒　长江文艺出版社

目　录

重拾拜德雅之学

1

中国古代，士之教育的主要内容是德与雅。《礼记》云："乐正崇四术，立四教，顺先王《诗》《书》《礼》《乐》以造士。春秋教以《礼》《乐》，冬夏教以《诗》《书》。"这些便是针对士之潜在人选所开展的文化、政治教育的内容，其目的在于使之在品质、学识、洞见、政论上均能符合士的标准，以成为真正有德的博雅之士。

实际上，不仅是中国，古希腊也存在着类似的德雅兼蓄之学，即 paideia（παιδεία）。paideia 是古希腊城邦用于教化和培育城邦公民的教学内容，亦即古希腊学园中所传授的治理城邦的学问。古希腊的学园多招收贵族子弟，他们所维护的也是城邦贵族统治的秩序。在古希腊学园中，一般教授修辞学、语法学、音乐、诗歌、哲学，当然也会讲授今天被视为自然科学的某些学问，如算术和医学。不过在古希腊，这些学科之间的区分没有那么明显，更不会存在今天的文理之分。相反，这些在学园里被讲授的学问被统一称为 paideia。经过 paideia 之学的培育，这些贵族身份的公民会变得"καλὸς κἀγαθός"（雅而有德），这个古希腊词语形容理想的人的行为，而古希腊历史学家希罗多德（Ἡρόδοτος）常在他的《历史》中用这个词来描绘古典时代的英雄形象。

在古希腊，对 paideia 之学呼声最高的，莫过于智者学派的演说家和教育家伊索克拉底（Ἰσοκράτης），他大力主张对全体城邦公民开展 paideia 的教育。在伊索克拉底看来，paideia 已然不再是某个特权阶层让其后嗣垄断统治权力的教育，相反，真正的 paideia 教育在于给人们以心灵的启迪，开启人们的心智，与此同时，paideia 教育也让雅典人真正具有了人的美德。在伊索克拉底那里，paideia 赋予了雅典公民淳美的品德、高雅的性情，这正是雅典公民获得独一无二的人之美德的唯一途径。在这个意义上，paideia 之学，经过伊索克拉底的改造，成为一种让人成长的学问，让人从 paideia 之中寻找到属于人的德性和智慧。或许，这就是中世纪基督教教育中，及文艺复兴时期，paideia 被等同于人文学的原因。

2

在《词与物：人文科学考古学》最后，福柯提出了一个"人文科学"的问题。福柯认为，人文科学是一门关于人的科学，而这门科学，绝不是像某些生物学家和进化论者所认为的那样，从简单的生物学范畴来思考人的存在。相反，福柯认为，人是"这样一个生物，即他从他所完全属于的并且他的整个存在据以被贯穿的生命内部构成了他赖以生活的种种表象，并且在这些表象的基础上，他拥有了能去恰好表象生命这个奇特力量"[1]尽管福柯这段话十分绕口，但他的意思是很明确的，人在这个世界上的存在是一个相当复杂的现象，它所涉及的是我们在这个世界上的方方面面，包括哲学、语言、诗歌等。这样，人文科学绝不是从某个孤立的角度（如

1　米歇尔·福柯，《词与物：人文科学考古学》，莫伟民译，上海：上海三联书店，2001 年，第 459–460 页。

单独从哲学的角度，单独从文学的角度，单独从艺术的角度）去审视我们作为人在这个世界上的存在，相反，它有助于我们思考自己在面对这个世界的综合复杂性时的构成性存在。

其实早在福柯之前，德国古典学家魏尔纳·贾格尔（Werner Jaeger）就将paideia看成一个超越所有学科之上的人文学总体之学。正如贾格尔所说，"paideia，不仅仅是一个符号名称，更是代表着这个词所展现出来的历史主题。事实上，和其他非常广泛的概念一样，这个主题非常难以界定，它拒绝被限定在一个抽象的表达之下。唯有当我们阅读其历史，并跟随其脚步孜孜不倦地观察它如何实现自身，我们才能理解这个词的完整内容和含义。……我们很难避免用诸如文明、文化、传统、文学或教育之类的词来表达它。但这些词没有一个可以覆盖paideia这个词在古希腊时期的意义。上述那些词都只涉及paideia的某个侧面：除非把那些表达综合在一起，我们才能看到这个古希腊概念的范阈"[1]。贾格尔强调的正是后来福柯所主张的"人文科学"所涉及的内涵，也就是说，paideia代表着一种先于现代人文科学分科之前的总体性对人

---

[1] Werner Jaeger, *Paideia: The Ideals of Greek Culture*, vol. 1, Oxford: Blackwell, 1946, p.i.

文科学的综合性探讨研究，它所涉及的，就是人之所以为人的诸多方面的总和，那些使人具有人之心智、人之德性、人之美感的全部领域的汇集。这也正是福柯所说的人文科学就是人的实证性(positivité)之所是，在这个意义上，福柯与贾格尔对 paideia 的界定是高度统一的，他们共同关心的是，究竟是什么，让我们在这个大地上具有了诸如此类的人的秉性，又是什么塑造了全体人类的秉性。paideia，一门综合性的人文科学，正如伊索克拉底所说的那样，一方面给予我们智慧的启迪；另一方面又赋予我们人之所以为人的生命形式。对这门科学的探索，必然同时涉及两个不同侧面：一方面是对经典的探索，寻求那些已经被确认为人的秉性的美德，在这个基础上，去探索人之所以为人的种种学问；另一方面，也更为重要的是，我们需要依循着福柯的足迹，在探索了我们在这个世界上的生命形式之后，最终还要对这种作为实质性的生命形式进行反思、批判和超越，即让我们的生命在其形式的极限处颤动。

这样，paideia 同时包括的两个侧面，也意味着人们对自己的生命和存在进行探索的两个方向：一方面它有着古典学的厚重，代表着人文科学悠久历史发展中形成的良好传统，孜孜不倦地寻找人生的真谛；另一方面，也代表着人文科学努力在生命的边缘处，寻找向着生命形式的外部空间拓展，以延伸我们内在生命的可能。

3

这就是我们出版这套丛书的初衷。不过，我们并没有将paideia一词直接翻译为常用译法"人文学"，因为这个"人文学"在中文语境中使用起来，会偏离这个词原本的特有含义，所以，我们将paideia音译为"拜德雅"。此译首先是在发音上十分近似于其古希腊词语，更重要的是，这门学问诞生之初，便是德雅兼蓄之学。和我们中国古代德雅之学强调"六艺"一样，古希腊的拜德雅之学也有相对固定的分目，或称为"八艺"，即体操、语法、修辞、音乐、数学、地理、自然史与哲学。这八门学科，体现出拜德雅之学从来就不是孤立地在某一个门类下的专门之学，而是统摄了古代的科学、哲学、艺术、语言学甚至体育等门类的综合性之学，其中既强调了亚里士多德所谓勇敢、节制、正义、智慧这四种美德

（ἀρετή），也追求诸如音乐之类的雅学。同时，在古希腊人看来，"雅而有德"是一个崇高的理想。我们的教育，我们的人文学，最终是要面向一个高雅而有德的品质，因而我们在音译中选用了"拜"这个字。这样，"拜德雅"既从音译上翻译了这个古希腊词语，也很好地从意译上表达了它的含义，避免了单纯叫作"人文学"所可能引生的不必要的歧义。本丛书的 logo，由黑白八点构成，以玄为德，以白为雅，黑白双色正好体现德雅兼蓄之意。同时，这八个点既对应于拜德雅之学的"八艺"，也对应于柏拉图在《蒂迈欧篇》中谈到的正六面体（五种柏拉图体之一）的八个顶点。它既是智慧美德的象征，也体现了审美的典雅。

不过，对于今天的我们来说，更重要的是，跟随福柯的脚步，向着一种新型的人文科学，即一种新的拜德雅前进。在我们的系列中，既包括那些作为人类思想精华的**经典作品**，也包括那些试图冲破人文学既有之藩篱，去探寻我们生命形式的可能性的**前沿著作**。

既然是新人文科学，既然是新拜德雅之学，那么现代人文科学分科的体系在我们的系列中或许就显得不那么重要了。这个拜德雅系列，已经将历史学、艺术学、文学或诗学、哲学、政治学、法学，乃至社会学、经济学等多门学科涵括在内，其中的作品，或许就是各个学科共同的精神财富。对这样一些作品的译介，正是要达到这样一个目的：在一个大的人文学的背景下，在一个大的拜德雅之下，来自不同学科的我们，可以在同样的文字中，去呼吸这些伟大著作为我们带来的新鲜空气。

什么是真实？

物理天才马约拉纳的失踪

Che cos'è reale?
La scomparsa di Majorana

1.

1938 年 3 月 25 日晚上十点半，埃托雷·马约拉纳[1]在那不勒斯登上了提莱尼亚公司的蒸汽船，出发前往巴勒莫。当时他已在那不勒斯大学教了一年的理论物理学。从船出发的那一刻起，这位同代物理学家中的佼佼者就消失了，仅留下些无从查证的传闻和推测。《星期天邮报》（*La Domenica del Corriere*）在 4 月 17 日的"寻人启事"专栏中曾对他有过如下描述："三十一岁的年轻教授，身高一米七，偏瘦，黑色头发，棕色眼睛，一只手的手背上有一条长伤疤。"针对他的失踪，警方做了一系列调查，迫于恩里科·费米[2]的压力，当时的政府首脑也介入了调查，但都没有成效。埃托雷·马约拉纳就这样永久地失踪了。警方认为马约拉纳已自杀的推测成立，但他的家人却拒绝接受此推测，也没有要求警方遵循此类案件的惯例公布"推定死亡"的消息。于是，各种传闻不胫而走：有人说这位科学家逃去了阿根廷或纳粹德国，有人说他退隐于修道院，1970 年代还有人声称在西西里和罗马看见了已经成为流浪汉的他。

关于马约拉纳的失踪，能够作为可靠线索的文件只有他出发当天及第二天所写的信件。仔细审读这些文字就会发现，在马约拉纳失踪的那一刻，他似乎有意闪烁其词，刻意留下了各种模棱两可的线索，让他的失踪成为一个可以从不同角度诠释的开放性事件。

出发当天，他给自己在那不勒斯大学的同事卡莱利[3]写了一封信，信的内容如下：

亲爱的卡莱利，

　　作出这个决定实在是不得已而为之。它不含任何自私因素，但我也意识到我的突然失踪会给你和学生们带来不便，我为此表示抱歉。我也辜负了这几个月来你对我的信任，以及你给予我的真诚的友谊和关心，我让你失望了，我更要为此请求你的原谅。我也请你代我向我在你的学院里结识和欣赏的诸位问好，尤其是舒蒂[4]；我会珍藏关于他们的宝贵记忆，至少到今晚十一点，也可能到更久之后。

在谈到自己正在做的这件事时，马约拉纳说的是"我的突然失踪"，而不是自杀，并在之后又立刻指出，"至少到今晚十一点，也可能到更久之后"。在这里，他暗示多种解释的意图非常明显，"至少到今晚十一点"确实可能是自杀的征兆，但又不太可能：他有一整晚的时间待在船上，为什么非要在出发仅半小时后就跳海？那时还没入睡的水手和乘客肯定还站在甲板上，一定会看见他。更模棱两可的是"也可能到更久之后"这句，似乎是在否认自杀的可能。另外，需要注意的是，关于他的动机，他完全排除了主观因素（"它不含任何自私因素"）。事实上，马约拉纳并不想自杀，这一点可以从另一个可证事实得到验证：出发前，他取了一大笔现金，并且随身携带了护照。

然而，他在旅馆留下的给父母的信看上去则更像是自杀留言，即使死亡的字眼仅是在交代服装时提到。他写道："我只有一个愿望：你们不要穿着黑衣。如果你们想遵从习俗，穿戴些丧葬的衣饰也无妨，但不要超过三天。之后，如果可以的话，就请在心里纪念我并原谅我。"

3月26日，卡莱利收到了一封简短的电报，这封电报否定了刚刚寄出的那封信，并承诺会再写一封："不要惊慌。再联系。马约拉纳。"新来的信落款日期是"巴勒莫 1938年（XVI 年）3月26日"（请注意，这里的年份同时标注了法西斯统治时代的纪年 XVI[5]，仿佛是一份官方文件）。在这封信中，他宣称自己在"失踪"后将立刻回归：

> 亲爱的卡莱利，
>
> 我希望你能和电报一起收到这封信。海洋拒绝了我，我明天将回到博洛尼亚的旅馆，旅途中或许会带着这封信。然后，我想放弃教学。别把我误认为是易卜生笔下的女主角[6]，因为情况[7]不一样。我会告诉你更多细节。

这里，他再次提到了被海洋拒绝，这暗示他放弃了自杀的意图（或者一次跨洋旅行）；但是，他用放弃教学的决定代替了"失踪"，并将前者作为一个从某种程度上来说与后者相对应的决定提出。如同提出"失踪"的第一封信，他提到他放弃教学并非出于心理因素（"别把我误认为是易卜生笔下的女主角，因为情况不一样"）。"情况不一样"——马约拉纳在这里是在向他的朋友暗示：问题的关键是理解这一"情况"的特殊性质。

这封信的内容也很快被马约拉纳的行为否定。虽然航运公司的记录显示回程的票确实被使用了，并且一位之前就认识他的护士表示曾在那不勒斯的某条路上隐约看见了他，但马约拉纳确实没有再次出现在博洛尼亚的旅馆，也没有去大学辞去教职。他这次是真的消失了——永远地消失了。

对这些信进行分析之后，我们可以得出这样的初步结论：信中所提到的事实并不和真实发生的事实完全符合，而内容又可以用多种方式解读，关于这点，作者不可能没意识到。马约拉纳并没有在明确表示告别的第一封信之后消失，也没有在通知他会重新出现的第二封信之后再次现身。他也没有像在对亲人暗示自己会自杀的信中那样自杀。总之，唯一确定的是他的确永远地消失了，并永久地放弃了理论物理的教学，但都不是以他信中所暗示的方式。

马约拉纳的失踪在确定无疑的同时也不太可能（请从字面上理解这个词：从事实的层面上说，它无法被证实和确定）。唯一相同的是，无论自杀，还是辞去教职，他的动机都不是心理层面的和主观的。无论从哪个意义上来看，他的"情况"都"不一样"。

1　埃托雷·马约拉纳（Ettore Majorana，1906—?　），意大利理论物理学家。马约拉纳出生于西西里岛的卡塔尼亚，其父法比奥·马约拉纳（Fabio Majorana）是工程学、物理学和数学研究出身，伯父奎里诺·马约拉纳（Quirino Majorana）则是一位实验物理学家。马约拉纳自小便拥有极高的数学天赋。1923 年，他进入罗马大学攻读工程学。1928 年，在埃米利奥·吉诺·塞格雷（Emilio Gino Segrè，他比马约拉纳大一岁，亦曾是工程学学生，1927 年投身物理学研究，并于 1928 年在恩里科·费米的指导下获得博士学位）的建议下，马约拉纳转向物理学研究。他加入费米（时年不到三十岁）领导的研究组"帕尼斯贝尔纳大道少年团"（Ragazzi di via Panisperna）。1933 年，马约拉纳先后去德国跟海尔纳·海森堡、到丹麦跟尼尔斯·玻尔进行合作研究。同年秋天，马约拉纳健康状况糟糕，返回罗马。此后，这位充满前途的青年物理学家变得与世隔绝，近乎隐士。1937 年，那不勒斯大学破格授予他教席。这一年，他最后一次发表论文。也就是在这一年，他预测，在被称为费米子的一类粒子中，有一些粒子即它们自身的反粒子，这就是所谓的马约拉纳费米子（又被称为"天使粒子"）。马约拉纳是中微子质量研究的先驱，提出了马约拉纳方程。——译注

2　恩里科·费米（Enrico Fermi，1901—1954），美籍意大利裔物理学家，在理论和实验两方面均有一流建树，为统计力学、量子理论、核与粒子物理学的发展作出了重大贡献，被称为"核时代的缔造者"和"原子弹的缔造者"。1922 年，费米取得博士学位。1923 年，他前往德国，在马克斯·玻恩的指导下从事研究工作，并在那里遇到海森堡等同行。返回意大利后，费米发表了他在量子力学方面的第一篇重要论文《量子态概率论》。1924 年，他前往荷兰莱顿大学展开研究工作，并在那里遇到爱因斯坦等同行。

1924—1925 年，费米受邀进入佛罗伦萨大学数学物理学系教学。1925 年，沃尔夫冈·泡利（Wolfgang Pauli）提出"不相容原理"，随后，费米发表了一篇重要论文，将该原理应用于某种理想气体，并采用了后来被称为"费米—狄拉克统计"的模型（它与"玻色—爱因斯坦统计"模型互为补充，今天，所有的粒子被分为玻色子和费米子，玻色子遵循玻色—爱因斯坦统计［不遵循不相容原理］，而费米子遵循费米—狄拉克统计［遵循不相容原理］）。1926 年，费米取得罗马大学理论物理学系教席，随后在那里组建并领导研究组"帕尼斯贝尔纳大道少年团"，马约拉纳便是该研究组成员。1929 年，费米被墨索里尼提名为意大利皇家学院成员，并加入法西斯党。1932 年，马约拉纳提出了一个原子核仅由质子和中子组成的原子模型，并发展了一种关于将它们聚合起来的核力的理论，也就是今天著名的马约拉纳核力。1933 年，费米发表了著名的有关 β 衰变理论的论文，这项研究开辟了基本粒子物理学的新领域：弱相互作用的物理学。1934 年，居里夫妇发现了人工放射性，费米研究组随即对此展开研究。与居里夫妇的方法相反，费米研究组用中子（中性电荷）而非 α 粒子（正电荷）轰击靶核。费米研究组有系统地轰击各个元素，轰击到第 90 号元素（钍）和第 92 号元素（铀）时，他们观测到大量放射性核素（但他们将此误解为了新元素）。随后，费米进行了人工中子诱发放射性研究，偶然地得到了具有轰动性的结果：慢中子会引起核反应。正是因为这一发现（后来被证实有误），费米于 1938 年获得了诺贝尔物理学奖。就在这时，他却遇到了麻烦：他的妻子是犹太人，而他自己越来越强烈地反对法西斯主义，这不为以墨索里尼为首的意大利法西斯政权所容。1938 年 12 月，他携家人前往斯德哥尔摩领奖，此后并未返回意大利，而是去了美国。就在他去瑞典领奖的那个月，德国化学家奥托·哈恩（Otto Hahn）和弗里茨·斯特拉斯曼（Fritz Strassmann）用中子轰击铀元素后发现了钡的同位素，莉泽·迈特纳（Lise Meitner）和奥托·弗里施（Otto Frisch）正确地将此解释为核裂变的结果。1939 年初，玻尔到普林斯顿大学作讲座，带来了这一消息。费米立即意识到一个裂变的铀原子可以释放出足够的中子来引起链式反应，而且，他也马上就预见到了这样的链式反应可用于军事目的的潜在性。1939 年 3 月，费米与美国海军部门接触，希望引起他们对核能潜在影响的重视，但效果欠佳。直到几个月后，利奥·西拉德（Leo Szilard）、尤金·维格纳（Eugene Wigner）和爱因斯坦就此给罗斯福发去了那封著名的信（此信由西拉德起草，爱因斯坦署名），声言纳粹德国可能制造出原子弹，美国政府才开始严肃对待此事，由此，才有了后来的"曼哈顿计划"。1942 年，费米领导的研究小组在芝加哥大学建立了人类第一台可控核反应堆（芝加哥一号堆）。1944 年，费米加入美国籍。同年，奥本海默说服费米加入洛斯阿拉莫斯实验室的 Y 计划。纳粹德国投降后，部分参与"曼哈顿计划"的科学家对原子弹的使用充满疑虑，其中，西拉德等人向美国政府请愿，建议不要对日本使用原子弹。1945年5月，杜鲁门成立临时委员会来处理该问题。跟奥本海默、阿瑟·康普顿（Arthur Compton）和欧内斯特·劳伦斯（Ernest Lawrence）一样，费米也是为临时委员会提供建议的科学小组的成员。7月16日，美国在新墨西哥州沙漠中试爆原子弹成功。8月6日，美国在广岛投下第一颗原子弹。8月9日，美国在长崎投下第二颗原子弹。——译注

3　塞巴斯蒂亚诺·舒蒂（Sebastiano Sciuti，1917—2016），意大利物理学家，意大利应用核物理的推动者之一。舒蒂曾是马约拉纳在那不勒斯大学物理研究所的学生，跟随他修读理论物理学课程，并于1938年12月毕业。——译注

4　安东尼奥·卡莱利（Antonio Carrelli，1900—1980），意大利物理学家。1932年，卡莱利出任那不勒斯大学物理研究所所长，并担任实验物理学系主任，直到1975年退休（而直到1937年，他亦是理论物理学系主任）。——译注

5　罗马数字标注的法西斯统治纪年，以1922年墨索里尼上台为元年开始计算。——译注

6　此处指的应该是易卜生代表剧作《玩偶之家》中离家出走的女主角娜拉。——译注

7　"情况"，原文为"caso"。"caso"一词涵义丰富，我们在下文中会根据不同的语境分别将其译为"情况"、"事件"、"随机"、"偶然性"、"偶然"、"案例"和"状态"。——译注

2.

关于马约拉纳失踪的各种原因，莱奥纳多·夏侠[1]在1975年出版了一本范例性的书，这本书再次引起了人们对于这个过于离奇、不容遗忘的事件的兴趣。夏侠认真地重建了马约拉纳的个性为人、他的哲学和文学偏好（根据阿马尔迪[2]的回忆，他非常热衷于阅读莎士比亚和皮兰德娄的作品）、他和费米之间的紧张关系，以及他和海森堡[3]1933年在莱比锡颇有成果的会面。在此之上，夏侠作出了以下的假设：这位年轻的科学家（费米本人称其为能与伽利略和牛顿比肩，却不通人情事理的天才）意识到了费米在1934年所未能意识到的事情，即罗马的物理学家们所做的关于放射性的实验可能会使铀原子的裂变成为可能。"既然马约拉纳是费米口中的天才，那么，为什么他不能预见到或凭直觉察觉到那些三流、二流和一流科学家所不能察觉到的东西呢？另外，早在1921年，在谈到卢瑟福[4]的原子研究时，一位德国物理学家就曾提醒过，'我们生活在一座由易燃物构成的岛上'，同时又补充说，感谢上帝，我们还没找到点燃它的火柴（显然，找到火柴却不点燃，这个想法压根就没被考虑在内）。为什么十五年后，一位天才的物理学家在面对一个潜在的、尚未被认知的核裂变发现时，不会意识到火柴已经被找到，并因不通人情事理而惊慌失措地远离呢？"[5]

夏侠自然会记起以下事实：费米和他的合作者在用中子轰击铀原子时就已经实现了核裂变，只是当时没有意识到；1934年，德国化学家伊达·诺达克[6]就在一篇短论中指出，实验的结果并不是费米所主张的新的超铀元素，而是铀原子分裂出的既定大小的碎片，而马约拉纳可能读过此文。从这些不难预见到核裂变所能造成的灾难性后果，夏侠引用了马约拉纳姐姐的话，她回忆说马约拉纳曾多次悲伤地提到"物理学正走在错误的道路上"。在书的结尾，夏侠对卡尔特修道院进行了一次访问，根据他的假设，科学家就是在这里隐居直到逝世的。夏侠说这个假设并不是确凿的可验证的事实，而是一种"形而上的经验"[7]。

1　莱奥纳多·夏侠（Leonardo Sciascia，1921—1989），意大利作家、政治家。此处提及的书指夏侠出版于1975年的《马约拉纳的失踪》（La Scomparsa di Majorana）。——译注

2　爱德华多·阿马尔迪（Edoardo Amaldi, 1908—1989），意大利物理学家。他亦曾是费米领导的研究组"帕尼斯贝尔纳大道少年团"的一员。——译注

3　维尔纳·海森堡（Werner Heisenberg, 1901—1976），德国物理学家，量子力学的主要创始人之一，其《量子论的物理原理》是该领域的一部经典著作。1927 年，海森堡与他的老师玻尔在哥本哈根进行合作研究时共同提出了著名的哥本哈根诠释（这延伸了玻恩所提出的波函数的概率表述，之后发展为著名的不确定性原理），由此形成所谓的哥本哈根学派。1932 年，海森堡获得诺贝尔物理学奖。1933 年，马约拉纳去莱比锡跟海森堡进行合作研究。1939 年年中，海森堡去美国拜访了塞缪尔·亚伯拉罕·古德斯密特（Samuel Abraham Goudsmit），但海森堡拒绝了移民美国的邀请。这年的 9 月 1 日，"二战"开始，也就是在这天，纳粹德国启动了核武器研发计划："铀俱乐部"（Uranverein）。海森堡、哈恩等科学家作为重要角色参与其中。虽然后来由于种种众说纷纭的原因（有的说海森堡故意报错数据，以消极抵制纳粹的核武器计划；有的说海森堡本身就计算失误，而非主观想要阻止纳粹的计划），纳粹德国并未能造成原子弹。但因为此事，玻尔对他这位高徒大失所望。——译注

4　欧内斯特·卢瑟福（Ernest Rutherford, 1871—1937），英国物理学家，原子核物理学的开创者之一。1895 年，卢瑟福进入英国剑桥大学的卡文迪许实验室，与 J.J. 汤姆逊（J. J. Thomson）合作研究 X 射线对气体的导电效应，这项研究的成果便是汤姆逊于 1897 年向世界展示的对电子的发现。1898 年，汤姆逊推荐卢瑟福到加拿大蒙特利尔的麦吉尔大学任职。在那里，卢瑟福对铀的放射性展开探索，发现两种不同于 X 射线的射线，并依据各自的贯穿能力分别将它们命名为 α 射线（后来卢瑟福证实 α 粒子即氦原子核）和 β 射线，又率先提出放射性半衰期的概念。1900—1903 年，卢瑟福与化学家弗雷德里克·索迪（Frederick Soddy）合作，证明放射性即原子自发地分裂成其他未知的物质。1907 年，卢瑟福回到英国，就职于曼彻斯特维多利亚大学物理学系。1908 年，因为"对元素的蜕变和放射化学的研究"，卢瑟福获得诺贝尔化学奖。1911 年，卢瑟福根据 α 粒子散射实验现象提出原子核式结构模型，将原子结构的研究引向了正轨。1919 年，卢瑟福做了用 α 粒子轰击氮核的实验，从中得到一种粒子，并测定了它的电荷与质量，将之命名为质子。值得一提的是，电子轨道（原子结构）的稳定性和经典电动力学的矛盾，导致卢瑟福的学生玻尔提出背离经典物理学的革命性的量子假设，成为量子力学的先驱。此外，人工核反应的实现是卢瑟福的另一项重大贡献。自从元素的放射性衰变被确证以后，人们一直试图用各种手段来实现元素的人工衰变，但只有卢瑟福找到了正确的途径。这种用粒子来轰击原子核以引起核反应的方法，很快就成为人们研究原子核和应用核技术的重要手段。晚年，卢瑟福已经可以在实验室中用人工加速的粒子来引

起核反应。——译注

5　夏侠，《马约拉纳的失踪》，Milano：Adelphi，2004，p.42。——原注

6　伊达·诺达克(Ida Noddack，1896—1978)，德国化学家、物理学家。1934年，费米研究组有系统地用中子轰击元素，观测到大量放射性核素，但将此误解为了新元素。伊达在一篇论文中指出了费米研究组的误判。如今，这篇论文被认为具有历史性的意义，不仅因为她正确地指出了费米化学证明的缺陷，还因为她提出了这样的可能性："可以想象，原子核分裂成若干大的碎片，当然，这些碎片只是已知元素的同位素，而不会成为被辐射元素的邻元素。"如此，在没有实验证明和理论支撑的情况下，她预言了几年后将被证实的核裂变现象。——译注

7　夏侠，《马约拉纳的失踪》，p.46。——原注

3.

在书中的某个地方，夏侠引用了马约拉纳一篇文章中的一段话。马约拉纳 1933 年从德国回来，1937 年开始在那不勒斯执教，这篇文章就写于这之间的几年。夏侠觉得（奇怪的是他没有讲明原因）该文的结尾"表现出深刻的不安与惶恐，令人深思"。在那段时间里，马约拉纳几乎中断了同费米和物理研究所之间的所有联系，并且很少出门。"他长时间地写作，不分昼夜：写关于物理学或哲学的文章，事实上他写的东西最终只有两篇短文留了下来。"[1] 第一篇是《关于电子与正子的对称性理论》（Teoria simmetrica dell'elettrone e del positrone），由马约拉纳本人于 1937 年发表，夏侠引用的是第二篇（之后我们也会具体讨论这篇），它于 1942 年（即马约拉纳神秘失踪四年后）发表在《科学》（Scientia）杂志 3 月号上，题为"统计规律在物理学和社会科学中的价值"（Il valore delle leggi statistiche nella Fisica e nelle Scienze sociali）。

该文标题暗示了物理学和社会科学的统计规律的相似性，这一相似性在文中被进一步阐述，值得我们注意。事实上，文中对物理学的转变——抛弃经典力学的决定论，而倾向于实在[2]的纯概率性概念——进行了思考。这种量子力学本质概念的转变意味着它所使用的统计规律的特征也发生了改变。在经典物理学中，统计规律得以建立的基础，是放弃了解物理系统中初始状态的所有细节条件，并且不质疑自然规律中的决定论，而量子力学里包含着对这一决定论的根本性改变，用马约拉纳的话说：

自然中并不存在表现一系列不可避免的现象的规律；即使是关于基本现象（原子系统）的基础规律，也带有统计学特征，只能确定对某个以既定方式准备的系统的测量会得到某个特定结果的概率，而这并不取决于我们所用以确定系统初始状态的手段能达到怎样高的精确度。这些统计规律表现出决定论的一个真实缺陷，并且和经典统计学毫无共同之处。在经典统计学中，结果之所以不确定，是由于为实际操作方便而主动放弃研究物理系统初始状态的各个细节条件。

引起马约拉纳注意的量子力学的另一个方面则被海森堡定义为不确定性原理（principio di indeterminazione），对此，马约拉纳这样表述：

> 任何针对原子系统所开展的实验都会对该系统本身造成一定的扰动，出于原理性原因，这种扰动无法被消除或减弱。因而任何测量的结果似乎都与系统在实验本身的过程中被引向的状态有关，而不是与系统受到扰动之前的那个无法认知的状态有关。

由于不可能对原子系统的状态进行明确的描述，海森堡指出了在量子力学中引入统计规律的必要性。无论如何，马约拉纳想要理解的是统计规律的新意涵与社会统计规律的相似性。

马约拉纳以原子在放射过程中的"死亡率"（tasso di mortalità）为例来说明这种相似性。这种转变和原子的年龄无关，而纯粹取决于概率，不包含任何因果决定论的因素。

"可以通过直接的统计测量和概率计算验证，单个的放射性原子在转变的瞬间互不影响，也不受外界影响；在一定时间间隔内发生衰变的数量仅仅受限于纯随机的波动，也就是说，取决于个体转变规律的概率性。"乍看上去，这似乎与社会统计学所研究的事实（比如，一定人口的死亡率图表）并无相似性，但相反，马约拉纳指出此处的对应关系并不比前面关于经典物理学的统计规律的几页所证明的缺乏说服力。

"将一种新的统计规律（不如简单地说是概率规律，它隐藏在普通的统计规律之下，取代了决定论的假设）引入物理学"不仅不会迫使我们排除与社会统计学的相似性，相反，这为后者提供了更坚实的基础。有反对意见认为放射性原子的衰变不同于社会性的事实，是孤立的、不可预见的现象，它可能发生在几千年以后，而这种说法并非无法反驳。"放射性原子的衰变可以被原子计数器以力学效应记录下来（在适度放大的情况下）。因而只需要实验室中通用的器材，就可以引发被单个放射性原子的随机裂变所命令（comandata）的一系列复杂可见的现象。从严格的科学的角度看，没有什么可以阻碍我们认为以下看法是合理的：在人类活动的根源里也能找到同样简单的不可见且无法预见的重要事实。如果真是我们所认为的这样，那么社会科学中统计规律的功能就会增强，这个功能并不仅仅是凭经验确定大量未知原因的结果，更重要的是，它给现实提供一个直接且具体的证明。诠释这一证明需要特殊的技艺，它是治理技艺的重要支持。"

对于这段话，我们需要格外注意。首先是被强调的"命令"一词："因而只需要实验室中通用的器材，就可以引发被单个放射性原子的随机裂变所命令的一系列复杂可见的现象。"从这里，我们可以看出，马约拉纳不仅仅提及了在几年后引导费米和奥本海默[3]的团队制造出原子弹的核裂变。他似乎在暗示，正是量子物理学现象的纯概率性特征授予了实验者干预并"命令"现象本身朝一个特定方向发展的权力。不确定性原理在这里显现出它真正的含义，即并非限制认知，而是证明实验者不可避免的干预的合理性。如果实验和测量对原子系统本身存在一种不可消除的扰动，那么实验的关键与其说是认知系统本身，不如说是系统所受到的测量仪器对它的改变。用马约拉纳的话说，"因而任何测量的结果似乎都与系统在实验本身的过程中被引向［强调系笔者所加］的状态有关，而不是与系统受到扰动之前的那个无法认知的状态有关"。这就能解释为何量子力学的这一方面被马约拉纳认为"比起仅是缺乏决定论［……］更加令人不安"：正是经典力学的决定论的缺陷使得或者说迫使实验者在惊人的程度上"命令"和"决定"系统的状态。

在这里，马约拉纳所建立的与社会统计学进程之间的对比更为重要。全文以一句看似神秘的话结束（"诠释这一证明需要特殊的技艺，它是治理技艺的重要支持"），从这个角度看，这句话获得了新的意义：如同量子力学中的概率规律并不试图认知而是"命令"原子系统，社会统计规律也不以知识为目标，他的目标是管理社会现象。在这两种情况下，统计学都是一种"特殊的技艺，它是治理技艺的重要支持"。

夏侠对马约拉纳放弃物理学的动机所作的解释应被修正和完善，或许无法确定马约拉纳已经瞥见了原子裂变的后果，但可以确定的是，他已经洞见了量子力学——这个放弃了一切关于实在的非概率性概念的力学——的含义：科学不再试图认知实在，而是和社会统计学一样，仅仅干预它以实现治理它的目的。

1　夏侠，《马约拉纳的失踪》，p.49。——原注

2　"实在"，原文为"realtà"。"realtà"是本书的高频词，我们在下文中会根据不同的语境分别将其译为"实在"和"现实"。此外，我们将本书的另一个高频词"reale"译为"真实"。——译注

3　罗伯特·奥本海默（Robert Oppenheimer，1904—1967），美国物理学家。1924年，奥本海默被剑桥大学基督学院录取，但他希望进入卡文迪许实验室跟随卢瑟福做研究。他给卢瑟福写信，遭到拒绝。最终，在汤姆逊的批准下，他还是进入了实验室。1926年，奥本海默前往哥廷根大学跟随玻恩深造。在那里，奥本海默结识了海森堡、泡利、狄拉克和费米等同行。结束了欧洲游学生涯之后，奥本海默回到美国，任教于加州大学伯克利分校。他在理论天文学、核物理学、光谱学和量子力学等方面进行了重要的探索。但真正让他声名远播的却是"曼哈顿计划"。1941年10月9日，罗斯福批准了这一计划。1942年年中，奥本海默加入此计划，并成为项目负责人，组建洛斯阿拉莫斯实验室。这一任命在当时颇让人费解，因为奥本海默在政治上倾向于左翼，而且他从未负责过大型的项目。但很快，他在工作中证明了自己对该项目的把控能力，除了在相关科学知识方面的独到性，他还展现出了强大的管理和组织才能。然而，美国最终在日本投下两颗原子弹后，特别是在第二颗原子弹投下后，奥本海默却感到很懊悔。1947年，原子能委员会（AEC）成立，奥本海默出任总顾问委员会主席。他反对试制氢弹，认为这会引起军备竞赛，威胁世界和平。但在"冷战"的背景下，这受到政治狂人的敌视，最大的影响便是奥本海默安全听证会。1930年代以来，对世俗事务从来都漠不关心的奥本海默开始关注起政治，包括对逃离纳粹德国的同行的支持，对西班牙内战中反法西斯的国际纵队的支持，对后来被贴上"共产主义思想"标签的美国社会变革运动的支持，当然还包括他对一些左翼团体的参与。他与弟弟弗兰克·奥本海默（Frank Oppenheimer）的关系、与珍·塔特洛克（Jean Tatlock）的恋情、与凯瑟琳·普宁（Katherine Puening）的婚姻后来也成了"罪证"，因为弗兰克、珍和凯瑟琳都与共产党组织有关。战争开始前，联邦调查局（FBI）就在调查他。而自1940年代初开始，他便受到严密的监视。1949—1953年，奥本海默被卷入政治争议之中，其中就包括来自与他有嫌隙的原子能委员会的同事路易斯·斯特劳斯（Lewis Strauss）的指控。1954年4—5月，奥本海默安全听证会举行。尽管在听证会上作证的大多数科学家都指出因对核政策持不同意见而受审是对于民主的基本原则的践踏，真正的国家安全必须建立在对像奥本海默这样的知识精英的信任和使用上，而审查的结果也"没有发现他对国家有过不忠诚的行为"，但原子能委员会仍然决定剥夺奥本海默的安全特许权。肯尼迪担任总统后，

决定将 1963 年度费米奖授予奥本海默，以示对他的平反。但在颁奖仪式前，肯尼迪遇刺身亡。此后，肯尼迪的继任者约翰逊为奥本海默颁奖，但也只是在形式上恢复了他的名誉。——译注

4.

马约拉纳文章发表的前一年即 1941 年的年初,西蒙娜·薇依(Simone Weil)在马赛开始写一篇题为"科学与我们"(La science et nous)的论文,这实际上是一篇批评量子力学的文章。在导言中,她郑重地指出量子物理学与经典力学的异质性:"对我们西方人来说,在本世纪初发生了一件非常奇怪的事:我们已在无意中丧失了科学——或者说至少是四个世纪以来我们称之为科学的东西。我们现在所掌握的科学,在其名义下其实是另一个本质上不同的东西,而我们不知道它是什么。"[1]

西蒙娜·薇依认为,经典科学建立的基础是通过一个唯一的概念去解读自然界的所有现象。这一概念就是能量,它直接源于功的概念。如果我要做功,比如将一个物体从一个地方搬到另一个地方,我需要耗费一定的能量;另一方面,这个物体必然会经历从初始状态到终止状态的每一个阶段。"在伯努利[2]和达朗贝尔[3]研究的基础上,拉格朗日[4]通过微分计算成功地用一个统一的方程来定义任何力作用下的任何物体系统的运动及平衡的所有可能的状态。这个公式只跟距离与力相关，也就是说，只跟质量与速度相关。"[5] 经典物理学在能量的概念上又加上了熵的概念，它与能量具有同样的必然性。"这个必然性来自时间本身。时间是有方向的，因此，无论发生什么，转变的方向都并非无关紧要。让我们感受到这一必然性的不仅仅是在劫难逃的衰老，也包括日常生活中的事件。只要一个瞬间和一个微小的力就足以让书从桌上掉下去、将纸张吹散、把衣服弄脏、使床单起皱、让麦田燃烧，或者杀死一个人。然而，需要更大的力气和更长的时间才能把书捡起来放回桌上、把纸张整理好、将衣服洗净或把床单熨平；需要一年的劳作和心血才能重新种植一片田地，而将死人复活则是不可能的。"[6]

这意味着，在任何一个能量转变的现象中，现象一旦完成，就不可能再完全恢复到初始状态。克劳修斯[7] 通过虚拟的概念熵建立了热力学第二定律，为以上事实加上了数学框架。在任何一个发生变化的系统中，熵总是必然增加的，因而如果没有外因介入，那么能量就会减少，并从有序变为无序。"这是经典科学的顶峰。通过计算、测量和数量等价，科学仍能够在宇宙产生的现象中根据一个简单的定律分析、解读能量和熵的变化。"[8]

量子理论在根本上推翻了物理学定律与以功的经验为基础的世界图景之间的对应关系。"20世纪的科学是经典科学，但它被去除了什么。它减少了，而不是增加了［……］经典科学的原理——自然规律与功的条件之间的类比性被去除了；而砍掉它的正是量子假设。"[9]在经典物理中，"能量是空间的函数，而空间是连续的，空间就是连续性本身；空间是从连续的角度看到的世界，是隐含着连续性的并置排列的事物"[10]。普朗克[11]公式和常数将不连续性引入了能量的概念(恰是西蒙娜·薇依认为不可能发生不连续性的地方)。事实上，物理学中不连续性的出现与对原子系统的研究相关，人们发现原子系统所遵循的规律和宏观系统所遵循的完全不同。薇依认为引入不连续性意味着引入概率性。"不连续性、数量、微小性：这些足够让原子出现，而原子又带着它不可分离的随从——偶然性和概率性——回到我们身边。偶然性出现在科学中，科学家们视之为丑闻；我们追问它从哪里来，并没有意识到带来它的正是原子；我们忘记了早在古代偶然性就和原子相伴，我们没有想过其实只能是如此。"[12]

在紧随其后的几页中，薇依写到，引导量子物理学的关键因素与其说是不连续性，不如说是概率计算。但存在一个奇怪的反转，概率性不是原子系统不连续性的函数，相反，不连续性源于概率性。西蒙娜·薇依多次引用普朗克所写的研究："显然，引入不连续性的并非经验［……］而只是对概率这一概念的使用。"[13] 在一篇发表于《南方笔记》（*Cahiers du Sud*）1942 年 12 月号的文章中，薇依进一步重申了概率在谱系上的首要性："人们疑惑是否是概率计算（它起源于掷骰子的游戏，因此，也就是起源于数值关系）的本质引导普朗克将整数引入他的公式。"[14] 之后几页，她又写道："当科学家们遇到不连续性时，他们并未因此停止将一切归为能量的改变，他们只是简单地将不连续性放入能量当中，并剥夺了其所有的意义［……］。通过概率的概念在我们已知的世界与假设的、纯原子力学的世界之间建立桥梁，有很大的困难，但这并没有难倒科学家们；起源于概率研究的量子理论促使他们将概率定位在原子系统自身当中。"[15] 于是西蒙娜·薇依将注意力集中到对概率概念的研究上。

1　薇依，《论科学》(*Sur la science*)，Paris：Gallimard，1966，p.121。——原注

2　丹尼尔·伯努利(Daniel Bernoulli，1700—1782)，瑞士数学家和物理学家，著名的伯努利家族的一员。他的研究工作对当时数学和物理学的前沿问题均有涉及，突出贡献则是他在数学到力学的应用领域所进行的探索，特别是他在流体力学方面，以及概率和数理统计方面所做的先驱性工作。——译注

3　让·勒·洪·达朗贝尔(Jean Le Rond d'Alembert，1717—1783)，法国物理学家、数学家和天文学家，百科全书派代表人物之一。他是18世纪为牛顿力学体系的建立作出卓越贡献的科学家之一，提出了三大运动定律：第一运动定律是给出几何证明的惯性定律；第二运动定律是力的分析的平行四边形法则的数学证明；第三运动定律是用动量守恒来表示的平衡定律。他还提出了达朗贝尔原理，它与牛顿第二定律相似，但它的发展在于可以把动力学问题转化为静力学问题来处理，还可以用平面静力的方法分析刚体的平面运动，这一原理使一些力学问题的分析简单化，且为分析力学的创立打下了基础。——译注

4　约瑟夫-路易·拉格朗日(Joseph-Louis Lagrange，1736—1813)，生于都灵，卒于巴黎，数学家、物理学家和天文学家，对数学分析、数论、经典力学和天体力学作出了重大贡献。在总结历史上各种力学基本原理的基础上，拉格朗日发展了达朗贝尔等人的研究成果，引入了势和等势面的概念，进一步把数学分析应用于质点和刚体力学，提出了运用于静力学和动力学的普遍方程，引入广义坐标的概念，建立了拉格朗日方程，把力学体系的运动方程从以力为基本概念的牛顿形式，改变为以能量为基本概念的分析力学形式，奠定了分析力学的基础，为把力学理论推广和应用到物理学的其他领域开辟了道路。——译注

5　薇依，《论科学》，pp.126-127。——原注

6　同上，p.128。——原注

7　鲁道夫·克劳修斯(Rudolf Clausius，1822—1888)，德国物理学家和数学家，热力学的主要奠基人之一。他重述了萨迪·卡诺(Sadi Carnot)定律(又称卡诺循环)，赋予了热理论一个更为真实和健全的基础。在1850年发表的关于热的移动力的重要论文中，他首先阐述了热力学第二定律的基本思想。1865年，他引入了熵的概念。1870年，他引入了应用于热力学的位力定理。——译注

8　薇依，《论科学》，p.130。——原注

9　同上，p.147。——原注

10　同上，p.148。——原注

11 马克斯·普朗克（Max Planck, 1858—1947），德国理论物理学家，量子理论的重要创始人之一。1874年，普朗克进入慕尼黑大学学习物理学。1877年，他转入柏林的弗里德里希·威廉大学学习一年。在柏林期间，他主要从克劳修斯的讲义中自学，并深受这位热力学奠基人的影响，热理论成为他重要的研究领域，特别是对熵及其应用的研究。1894年，他将注意力转移到黑体辐射问题上。这个问题由古斯塔夫·基尔霍夫（Gustav Kirchhoff）于1859年提出来："黑体所发出的电磁辐射的强度如何取决于辐射的频率和黑体的温度？"当时，这个问题已经在实验中得到了探索，但相应的理论却一直没有。为此，许多物理学家展开研究，提出了诸多重要理论，最有名的就是维恩公式和瑞利—金斯公式，但前者只符合高频下的情况，后者只符合低频下的情况。1899年，普朗克第一次提出解决该问题的方法，但无法被实验证实。此后，他对此进行修改，于1900年10月提出普朗克黑体辐射定律的第一个版本。同年11月，他又对第一个版本进行了修改，从而获得了对其辐射定律背后原理的更基本理解。12月，他提交了新的推论，其核心假设（如今被称为普朗克假设）是，电磁能量只能以量子化形式发出，这是不连续的，换言之，能量只能是一个基本单位的整数倍。而这个基本单位就叫量子，它被表述为 $\varepsilon = hv$，其中，v 是辐射频率，h 即普朗克常数（普朗克作用量子）。由此，便可以推出著名的普朗克公式。因对量子的发现而推动了物理学的发展，普朗克于1918年获得诺贝尔物理学奖。——译注

12 薇依，《论科学》，p.150。——原注

13 同上，p.155。——原注

14 同上，p.193。——原注

15 同上，p.204。——原注

5.

　　薇依把偶然性的概念归于必然性，并以此为出发点。
"在偶然性（hazard）的概念上，我们常常自我欺骗。偶然
性不是必然性的反义词，也不与其相冲突。相反，它总是并
只有在跟必然性相联系时才出现。如果假设一定数量的不同
原因会严格按照必然性产生一些结果，并且，如果这些结果
呈现出有一定结构的集合，而原因则不能以同样的结构归类，
那么则存在一定的偶然性。由于形状限制，一个骰子只可能
以六种方式落地，但掷骰子的方式却有无数种。如果将一个
骰子掷一百次，那么结果可分成六组，并且它们之间存在数
量关系。投掷的方法却不能用同样的方式归类。另外，力学
的必然性可以决定骰子每次的运动，我无法想象这一组织中
存在任何缺陷。如果我掷一次骰子，我无法知道结果，这不
是因为现象具有不确定性，而是因为存在部分未知的数据
［……］在这类游戏中，原因的集合有连续性的力量，这意
味着原因就如同一条线上的点，而结果的集合则被分为不多
的几个可能性。"[1]

如果从这个意义上说偶然性和必然性是不可分的, 那么概率性则无法与偶然性分开, 正是因为如此, 偶然性才成为实验中可操控的量。"在赌博游戏中, 当我考虑原因的连续的集合和结果会被归为少量类别, 我确定即使每次结果都严格地依据原因产生, 在原因的集合中仍然没有可以与结果的类别相对应的东西: 这就是偶然性的意思。因此, 这些类别和原因集合之间是否存在完全相同的联系这点是无关紧要的。当我说这些类别具有相同的可能性, 指的就是这个意思。概率的概念总隐含着相同的概率分配 [……] 概率和经验的关系跟必然性和经验的关系类似。当原因变化, 结果也根据一个函数产生相应的变化时, 经验呈现出必然性的图景; 随着结果的累积, 它在不同类别中的分配会越来越接近计算的比例, 这时经验则呈现出概率性的图景。"[2]

在这里, 薇依重新梳理了以下过程: 普朗克如何在他的常数的引导下将概率性和不连续性引入物理理论, 以及这一原则如何在量子力学中被普遍化。"熵和概率的概念之间存在一个自然的过渡, 因为如果假定一个与外界隔离的系统能够经过一连串中间状态从状态 A 达到状态 B，而不能反之，那么这意味着 B 状态比 A 状态更具有可能性。"[3] 正是在普朗克研究这些概念的时候，偶然性出现在了原子的领域。事实上，对布朗运动的观察显示，在宏观层面显现出平衡状态的流体，从微观层面看完全不是如此，而且普遍来说，在第一层面以某种必然的方式定义的系统，在分子层面却对应着多种可能的组合。"如果试图将必然性转移到原子领域，那么在宏观层面明确的系统的两个状态间的关系就不再是必然的，而是概率性的；并且，这不是由因果性的缺陷造成的，只是思考在两个层面间摆动而产生的效应，这个过程和掷骰子游戏的过程相似。思维的自然活动让同时出现在脑中的两个概率（一个与熵相关，一个与原子相关）变得相似，并认为它们是唯一的相同的概率［……］然而，由于概率的计算是一种数值分析，因此原子的组合可以被认为是离散的，而且它们的量是一个数值，这就是与经典科学之间的断裂。"[4]

显而易见，西蒙娜·薇依坚决地对以下观点持批判态度：量子物理学的统计规律并不是因为缺乏对某一系统状态的数据的完整认识，而是——用马约拉纳的话说——实在的决定论的缺陷。必然性和因果联系的范式对她来说仍是有效的，而经典物理学的优势正在于此："卢克莱修（Lucrezio）的几个精彩的诗句足以让我们明白，必然的可见性与可证明性是有净化作用的。被正确接受的不幸就有这种净化作用。同样，如果我们用得好的话，经典科学也可以净化，因为它试图从一切现象中解读出不可避免的必然性，这一必然性让世界中的我们无足轻重，在这个世界里，人们工作，这个世界跟人们的欲望、志向和善良无关；因为经典科学所研究的是无差别地照耀着善与恶的太阳。"[5]

薇依认为，量子力学以概率的名义放弃必然性和决定论，就等于完全而简单地放弃了科学。薇依向科学家们提出了以下疑问：如果和经典物理学的连续性模型产生断裂的原因是概率计算的数值特性，那么与其从头到脚地彻底改变物理学，他们为什么没有选择进一步地研究概率的概念本身，以发展出一个不以不连续性，而以连续性为基础的计算模型？[6]

---

1 薇依，《论科学》，pp.150-151。——原注
2 同上，p.152。——原注

3　同上，p.155。——原注

4　同上，p.156。——原注

5　同上，p.131。——原注

6　同上，p.157。——原注

6.

一些为量子力学基础作出贡献的科学家本身也对它的概率性特征提出批判。比如，拓展了量子粒子波粒二象性理论的路易·德·布罗意[1]试图对这种二象性作出非概率性的诠释，以便让其在大体上符合经典物理学的框架，但这一诠释却被尼尔斯·玻尔[2]、马克斯·玻恩[3]、海森堡和狄拉克[4]等科学家的主流诠释否定。德·布罗意对这一主流诠释作出了这样的评价："［它］兼顾了波动性和粒子性，但任由这些想法如幽灵一般存在。他们没有像我一样试图将它们在一个清晰的时空表达的框架内整合起来。微粒不再有一个明确的位置、速度和轨道。它只能在被观察和测量时呈现确定的位置、能量和动量。因此，在每一个时刻都拥有一系列可能的运动位置和状态，在测量的瞬间以一定的概率实现，在这个转瞬即逝的无法于时空中确定的粒子旁，连规则的波都不再有经典物理学中一个物理实在所拥有的特征：只是一个数学函数，这个函数用来表示对粒子进行观察或测量所得到的不同结果的概率。"[5]

　　为量子物理学作出决定性贡献的爱因斯坦[6]直到最后都对纯概率的诠释持保留意见。1935年，他和鲍里斯·波多尔斯基[7]、纳森·罗森[8]在《物理评论》（*Physical Review*）上联合发表了一篇题为"能认为量子力学对物理实在的描述是完备的吗？"（Can Quantum-Mechanical Description of Physical Reality Be Considered Complete?）的文章。在文中，他们的论点是，在量子力学系统里，既然对两个物理量中一个量的认知会阻碍对另一个量的认知（玻尔提出的互补原理［principio di complementarità］），那么，要么波函数提供的对实在的描述是不完备的，要么两个量同时存在。文章在结尾部分肯定了一个完备的物理理论存在的可能性。玻尔立刻在同一份杂志上发文反驳。根据他的互补原理，不能同时给予两个互补的变量（比如，一个粒子的位置和动量）一个确定值。根据量子原则，测量仪器与被测物体之间存在相互作用，这意味着必须抛弃经典科学的因果性：在量子力学中，自然规律永远不会完全地决定时间与空间中所发生的事件。每一个发生的事件都取决于偶然与概率。正是在此文的结尾部分，玻尔略带尖刻却不无道理地提醒到：爱因斯坦试图批判的量子物理的概率性特征，无非是广义相对论的一个结论，"这一自然哲学的新特征意味着彻底地重新审视我们对物理实在的态度。与之平行的是广义相对论在本质上改变了所有关于物理现象的绝对特性的观点"[9]。实在在统计学意义上的改变，正是爱因斯坦终生未能解决的难题——他本人的思想也不乏矛盾。

在爱因斯坦与玻尔的争论发生几个月后，量子物理学奠基人中哲学基础最好的科学家薛定谔[10]提出了一个后来被称为"猫的悖论"（paradosso del gatto）的实验。他首先再次强调，根据主流的诠释，不可能像在经典物理学中那样描述物体，因而需要用纯粹的概率性来表达。在观察者介入并开始测量之前，物理系统的变量没有确定的值。测量它们并不意味着确定它客观上拥有的值。测量的操作不可挽回地改变了系统，但操作之前，在概率的表述中被观察的粒子可以说同时处于所有它可能占据的位置。在两种不同状态的情况下，可能处于两种状态的任一组合。

在这里，薛定谔引入了一个关于猫的"荒诞的案例"，我们必须假定它既生又死："我们甚至可以设置出相当荒谬的案例来。把一只猫关在一个封闭的铁容器里面，并装上一些可怕的仪器（注意必须确保这仪器不被容器中的猫直接干扰）：在一台盖革计数器内放入极少量放射性物质，量极小，以保证在一小时内，至少有一个原子衰变的概率与没有任何原子衰变的概率相同；假若衰变发生，盖革计数管会放电，通过继电器启动一个榔头，榔头会打破装有氰化氢的烧瓶。经过一小时以后，若没有发生衰变，则猫仍存活；而当第一个原子衰变时，猫将被毒死。用来描述概率性状态的波函数表达出了活猫与死猫（原谅我的措辞［sit venia verbo］）各半纠缠在一起的状态。"[11] 只有打开盒子，观察者才能迫使系统（猫）明确地处于两种状态之一（生或死）。

显然，正如西蒙娜·薇依所说，量子力学中的悖论来自对概率概念的无条件采用，却未对这一概念作出足够的思考。无论是对正统理论的拥护者来说，还是对批评者来说，观测前后系统的状态都不是真实的状态，而是一个概率性的状态。概率性是一个特殊形式的实在，人们只能将它作为一个悖论来思考（例如，一个粒子可能同时处于A、B两个状态）。可是，将概率当作一个真实存在的事物来表述，这合理吗？换言之，问题的关键是关于概率或者说可能性的本体论研究——既然概率无非是以某种方式获得了特性的可能性。这里有必要遵从薇依的建议对概率的概念本身着重加以研究。

1　路易·德·布罗意（Louis de Broglie，1892—1987），法国理论物理学家，物质波理论的创立者，量子理论的奠基人之一。他原本是打算研究历史学的，后来受到身为实验物理学家的哥哥莫里斯（Maurice）的影响，转而研究物理学。1924年，他提交了博士论文，在这篇重要论文中，在普朗克和爱因斯坦关于光的研究的基础上，他提出了电子的波动性，并认为所有物质都具有波动性，这一概念被称为德·布罗意假设，这是波粒二象性的一个例子，构成了量子力学理论的核心。1927年，物质波现象被实验证实。1929年，德·布罗意因此获诺贝尔物理学奖。——译注

2　尼尔斯·玻尔（Niels Bohr，1885—1962），丹麦物理学家，哥本哈根学派和量子力学的主要创始人之一。1911年，他先加入剑桥大学的卡文迪许实验室，随后转入曼切斯特大学卢瑟福的研究组。玻尔考察了金属中的电子运动，并明确意识到经典理论在阐明微观现象方面的严重缺陷，他赞赏普朗克和爱因斯坦在电磁理论方面引入的量子学说，并创造性地把普朗克的量子理论跟卢瑟福的原子核概念结合了起来。1913年，玻尔开始研究原子结构，通过对光谱学资料的考察，写出重要论著，指出量子的不连续性，成功地解释了氢原子和类氢原子的结构和性质，由此提出原子结构的玻尔模型。1921年，玻尔创建著名的哥本哈根理论物理研究所，并担任所长。1922年，因对原子结构和由原子发出的辐射的研究，玻尔获得诺贝尔物理学奖。这一时期，通过对原子结构的研究，玻尔还对周期表上第72号元素（铪）的性质作了预言，这一预言在该元素被发现后得以证实。1924年，海森堡首次来到哥本哈根，然后于第二年的6月回到哥廷根，此后不久便发展了量子力学的数学基础，这引起了玻恩、保罗·狄拉克和埃尔温·薛定谔的关注。1926—1927年，受玻尔邀请，海森堡出任哥本哈根大学的讲师和玻尔的助手。1927年，实验证实了德·布罗意的物质波理论。由此，玻尔构想出他的互补原理：根据不同的实验框架，物质可能具有明显的互斥性，比如，或者是波，或者是粒子流。也就是在这一年，玻尔和海森堡共同提出了著名的哥本哈根诠释（之

后发展为著名的不确定性原理），但遭到了持守决定论的爱因斯坦等同行的反对，并由此开始了著名的玻尔—爱因斯坦论战。纳粹上台后，玻尔全力协助逃亡的学者。1936年，玻尔提出液滴模型，解释了中子如何被原子核捕获。1939年初，玻尔到普林斯顿大学作讲座，给费米等同行带去了哈恩等人发现核裂变的消息。1941年9月，海森堡去哥本哈根拜访玻尔。此时，海森堡已是纳粹德国核武器研发计划的重要负责人。但关于此次会面，亦是众说纷纭。1943年，玻尔自己也受到纳粹威胁，逃亡至英国（在逃难的飞机上，玻尔险些缺氧死亡）。随后，玻尔赴美观察"曼哈顿计划"的情况。很快，他就意识到核武器将改变国际关系。与此同时，他也收到了来自苏联的邀请。奥本海默建议玻尔拜访罗斯福，说服他将"曼哈顿计划"与苏联共享，以期加快进程。罗斯福当然拒绝了这一建议，并且通知了丘吉尔，对玻尔的活动进行监控。战后，玻尔则为国际核合作奔走。——译注

3　马克斯·玻恩（Max Born, 1882—1970），德国犹太裔物理学家和数学家，量子力学领域的重要人物。1906年，玻恩从哥廷根大学博士毕业。1907年，他前往剑桥大学的卡文迪什实验室，跟随汤姆逊等人做研究。爱因斯坦于1905年发表了狭义相对论的论文，玻恩非常感兴趣，并对此展开研究。同时，他发现老师赫尔曼·闵可夫斯基（Hermann Minkowski）也在研究狭义相对论。1909年，闵可夫斯基去世，玻恩获得哥廷根大学教职。1915年，玻恩获得柏林大学教职，在那里，他与普朗克、爱因斯坦等人共事，并与爱因斯坦结下一生的友谊。1921年，玻恩重返哥廷根大学。在玻恩的领导下，哥廷根大学成为世界上最重要的物理学研究中心之一。在哥廷根大学期间，费米、海森堡等人都曾担任过玻恩的助手。1925年，他与海森堡建立了量子力学的矩阵力学表述。1926年，玻恩为薛定谔方程中的 $\psi*\psi$ 提供了概率密度函数现今的标准解释。1933年1月，纳粹上台，玻恩被停职，随后移民英国。1954年，因在量子力学领域的基础研究，特别是对波函数的统计解释，玻恩获得诺贝尔物理学奖。——译注

4　保罗·狄拉克（Paul Dirac, 1902—1984），英国理论物理学家，量子力学的奠基者之一，并对量子电动力学早期的发展、广义相对论与量子力学的调和作出重要贡献。1925年，海森堡给狄拉克的老师拉尔夫·福勒（Ralph Fowler）寄去一篇论文的预印本。在这篇论文里，海森堡在很大程度上依赖于玻尔的对应原理，但他改变了这些方程，使它们直接关涉于可观测的量，由此引生出量子力学的矩阵公式。狄拉克起初对此并不特别欣赏，但很快，他意识到其中的不可交换性具有重要的意义，并且发现了经典力学中泊松括号与海森堡提出的矩阵力学规则的相似之处。基于这项发现，他得出更明确的量子化规则，也就是正则量子化。此外，这也形成了费米—狄拉克统计的基础。同时，薛定谔以物质波的波方程提出了自己的量子理论。狄拉克很快就意识到海森堡与薛定谔的

理论是互补的，并开始研究薛定谔的波动力学。1926 年，狄拉克从剑桥大学博士毕业。随后，他前往哥本哈根，在玻尔主持的研究所里做研究。1927 年，他前往哥廷根，在那里结识了玻恩、奥本海默等同行。1928 年，狄拉克推导出一种相对论波动方程，也就是著名的狄拉克方程。该方程可以描述费米子的物理行为，并预测了反物质的存在。1933 年，因发现原子理论新的富有成效的形式（量子力学的基本方程：薛定谔方程和狄拉克方程），狄拉克和薛定谔共同获得诺贝尔物理学奖。——译注

5　德·布罗意，《物理学中的新视角》（*Nouvelles perspectives en microphysique*），Paris：Albin Michel，1956，p.194。——原注

6　阿尔伯特·爱因斯坦（Albert Einstein，1879—1955），出生于德国的犹太裔理论物理学家，其相对论是现代物理学的两大柱之一，与量子力学并列。1905 年，爱因斯坦发表了四篇具有开创性的论文，分别涉及光电效应、布朗运动、狭义相对论和质能等效性，这一年因此被称为"爱因斯坦奇迹年"。1914 年，"一战"爆发，他在反战书上签名。1915 年，他提出广义相对论引力方程的完整形式，并成功解释了水星近日点运动。1916 年，他完成总结性论文《广义相对论基础》。1917 年，十月革命成功，他表示支持。1921 年，因在理论物理学领域的成就，特别是对光电效应定律的发现，他获得诺贝尔物理学奖。1924 年，他从统计涨落的分析中得出一个波和物质缔合的独立论证。1926 年，他与海森堡讨论量子力学的哲学问题。1927 年，他在反法西斯宣言上签名；这年，他开始同哥本哈根学派就量子力学的解释问题进行激烈论战。1932 年，他和妻子离开德国，去往美国。1935 年，他波多尔斯基、罗森合作，联合发表向哥本哈根学派挑战的论文，宣称量子力学对实在的描述是不完备的。1939 年，他在西拉德起草的给罗斯福的信上署名，这直接促成了美国的"曼哈顿计划"。1945 年，他同西拉德讨论核武器军备的危险性，连续发表关于核战争和世界政府的言论。1954 年，他号召美国人民起来同法西斯势力斗争，并抗议对奥本海默的政治迫害。1955 年，他同伯特兰·罗素通信讨论和平宣言问题，以反对使用核武器，并签署了《罗素—爱因斯坦宣言》。——译注

7　鲍里斯·波多尔斯基（Boris Podolsky，1896—1966），美籍俄裔物理学家。1932 年，他与狄拉克等人联合发表有关量子电动力学的开创性论文。——译注

8　纳森·罗森（Nathan Rosen，1909—1995），美国和以色列双国籍物理学家，以对氢原子结构的研究知名。此外，爱因斯坦—罗森桥，也就是后来所谓的虫洞，即罗森与爱因斯坦合作研究的结果。——译注

9　玻尔，《能认为量子力学对物理实在的描述是完备的吗？》（Can Quantum-Mechanical Description of Physical Reality Be Considered Complete?），见《物理评论》（*Physical Review*），October 15，1935，vol. 48，p.702。——原注

10　埃尔温·薛定谔(Erwin Schrödinger, 1887—1961), 奥地利物理学家, 量子力学奠基人之一。1924 年, 德·布罗意提出微观粒子具有波粒二象性。在此基础上, 1926 年, 薛定谔提出用波动方程来描述微观粒子运动状态的理论, 后称薛定谔方程, 这奠定了波动力学的基础。同时, 他发现波动力学跟海森堡和玻恩等人创立的矩阵力学在数学上是等价的, 是量子力学的两种形式, 可以通过数学变换从一种理论转到另一种理论。1933 年, 因发现原子理论新的富有成效的形式(量子力学的基本方程: 薛定谔方程和狄拉克方程), 薛定谔和狄拉克共同获得诺贝尔物理学奖。1935 年, 为了讨论爱因斯坦、波多尔斯基和罗森联合发表的文章, 薛定谔设计了一个思想实验, 这个实验被称为 "猫的悖论" 或 "薛定谔的猫"。该实验试图从宏观维度阐述微观维度的量子叠加原理的问题, 巧妙地将微观物质在观测后是粒子还是波的存在形式跟宏观的猫联系起来, 以此求证观测介入时量子的存在形式。——译注

11　薛定谔,《量子力学现状 》(Die gegenwärtige Situation in der Quantenmechanik), 见《自然科学 》(Die Naturwissenschaften), 1935, n23, p.812。——原注

7.

概率的计算是为了掷骰子游戏而进行的。吉罗拉莫·卡尔达诺[1]1575年写下了论著《论赌博》（*De ludo aleae*），但此书在1663年他死后才得以出版。本书是第一部关于概率学基础的论著，首先，他将掷骰子和打纸牌这类靠运气的游戏跟球类等讲究敏捷性的游戏、扔铁饼和摔跤这类力量型游戏区分开来。卡尔达诺是个狂热的玩家，他在自传中坦白自己在长达二十五年内没有一天不玩骰子，"同时挥霍了名望、时间和金钱"；然而，他也提到，经验使他认识到正是掷骰子游戏帮助他对抗痛苦与死亡："在最深的焦虑与痛苦中，这游戏不仅是合理的，也是有益的［……］在某段漫长的、让我濒临死亡的病痛中，正是不断地玩骰子给了我莫大的帮助。"

掷骰子游戏的"基本原则"（principale fundamentum）是条件的平等（aequalitas），不仅仅是玩家间的平等（他们的权利、金钱和运气不应有太大的差距），更最重要的是骰子本身不可以作假。在第九章"关于掷骰子"（De unius aleae iactu）中，卡尔达诺离概率的定义仅有一步之遥。"骰子有六面，掷六次（in sex revolutionibus）之后，所有的点数应该都会出现（evenire deberent）一次。"[2] 这意味着，如果骰子没有被作假，且遵循了平等（aequalitas）的条件，那么每个点数出现的概率都是六分之一；但卡尔达诺用了"应该"一词，因为他知道事实上同样的点数可能会多次出现（这促使一些研究者认为他在一定程度上凭直觉意识到了所有统计学计算的基础——大数定理［legge dei grandi numeri］）。在第十四章中，他提出了可被认为是对概率更为明确的定义："有一个普遍的规则，那就是我们应考虑整个循环［对卡尔达诺来说，循环是所有可能结果的集合］和出现有利结果的所有可能方式的数目，并将这个数字和循环剩余的数字作比较。然后根据比例决定下注。"[3] 一旦确定了在用两个骰子的情况下循环数是 36（使用三个骰子时是 216），卡尔达诺可以根据表格计算不同点数出现的概率——比如点数 3 只会以一种方式出现，即（2+1），而点数 10 则有两种方式即（5+5）和（6+4），所以两者的概率不同。

1　吉罗拉莫·卡尔达诺（Gerolamo Cardano，拉丁语写法是 Hieronymi Cardani，1501—1576），意大利博学者，文艺复兴时期最有影响力的数学家之一，概率论的奠基者之一。

2　卡尔达诺，《作品集（第一卷）》（*Opera omnia*, vol. I），Lione，1663，p.264。——原注

3　同上，p.266。——原注

8.

在研究过这些表格之后，卡尔达诺认为不能从掷骰子的游戏中完全排除运气的成分，"运气让一些人收获预期之外的利益，又让另一些人因为预期而变得贫穷"[1]。尽管如此，认真阅读他的短论之后，便会发现概率学理论的雏形。首先，正如薇依所直觉到的，概率的概念是以可能性的平等分配为前提的（即卡尔达诺曾模糊地提到的平等［aequalitas］原则）。如果承认偶然性的存在，也就是说，被考察的事件（骰子的落地）和它们的原因（掷骰子的动作）是完全互不相关的，那么就可以说这些事件的可能性是相同的。庞加莱[2]从以上事实观察到概率的定义是循环定义——它的定义中包含需要被定义的词本身："一个事件的概率是有利于该事件发生的情况在所有可能发生的情况中所占的比例，前提是所有可能性都有同样的概率。"[3]

这种循环性说明概率的概念涉及的从来都不是某个真实事件（某一次掷出骰子的动作），而是纯粹被当作可能性考虑的事件。概率的前提是，人类的心智能够将一个事件作为一个可能性考虑，并且能够想象这个事件与同类别中的其他事件具有相同的可能性。如果缺乏此前提，概率的计算是不可想象的。概率计算并不能针对个别情况，而只能针对一个我们称之为"可能的情况"的理念实体（ente di ragione）。

庞加莱举过这样一个例子：轮盘赌的转盘被分为多个相等的红黑相间的部分，一个小球被投掷在转盘上。它会停留在红色部分的概率是二分之一，但在任何情况下，这一概率都不能保证某一次的结果为红色，即使黑色已经连续出现了6次、10次或20次。只有在进行了大数量的轮转之后，红黑球出现的次数才会接近预计的概率二分之一。这就是1931年由伯努利[4]在他的《猜度术》（Ars coniectandi）一书中提出的大数定律的涵义所在。这一理论和概率的平均性属于一个体系，并再次肯定了以下原则：概率并不用于某一真实事件，而只趋向于无数研究的样本。

换言之，支撑计算的原则是，用概率代替现实的世界，或者叠加在其上。将概率考虑在内的人会遵从于这种叠加，并且或多或少应该默认，即使永远不能主宰某一单个真实情况的发生，但总归能在一定程度上影响人们在现实中所作的选择，尽管这显然不合逻辑。现代科学和每一个有现代科学知识的个人都根据一个原则来作出决定，这一原则并不直接涉及该问题，而只是针对一个"可能的情况"，它只能"偶然地"与真实的情况相契合。

如果我将乘坐的飞机坠毁的概率是千分之一，那么，该飞机的坠落将是"小概率情况"，即使这架飞机真的坠毁了，这一事实也不会因此改变。用维特根斯坦（Wittgenstein）的话说，世界只是"发生的情况"，然而，概率却永远不可能如此。概率并不在同一世界中，在概率的世界里，现实被悬置了，以便能够管理世界，并在此之上作出决定。我们称之为"情况"的是，可能的和概率的"落入"现实的虚假想法，而事实正好相反，它是从某个角度来考虑的真实对自己的现实的悬置，以这种方式"落入"自身之中，因为它是纯概率性的。

1　卡尔达诺，《作品集（第一卷）》，p.270。——原注

2　亨利·庞加莱（Henri Poincaré，1854—1912），法国数学家、理论物理学家、天体力学家和科学哲学家。他是一位博学者，其贡献主要在数学领域，被誉为该领域"最后的全才"。——译注

3　庞加莱，《科学和假设》（*La Science et l'hypothèse*），Paris: Flammarion, 1902, p.215。——原注

4　雅各布·伯努利（Jakob Bernoulli，1654—1705），瑞士数学家，著名的伯努利家族的一员，丹尼尔·伯努利的伯父。在数学领域，许多成果与他有关，但他最大的贡献在于概率论。从1685年起，他发表了数篇关于赌博游戏中输赢次数问题的论文，后来写成巨著《猜度术》，此书在他死后第八年，也就是1713年才得以出版。在这本书中，他提出了伯努利定理，这是大数定律的最初形式。

9.

或许没有哪个文本比帕斯卡尔[1]与费马[2]在 1654 年交换
的书信更清晰地描述了概率计算的目的和本质。梅累骑士安
托万·贡博[3]曾向帕斯卡尔提出一个被称为"未完的赌局"
（partita incompiutà）的问题：如果一场掷骰子的赌局在一
方完全胜出之前被中断，应如何公平地分配赌注？帕斯卡尔
的解决方案是通过风险（帕斯卡尔用了 hasard［风险］一词，
而非 probabilité［概率］一词，因为后者被他用在宗教体系中）
计算的方式找到"每个赌局的正确价值"（la juste valeur des
parties）。

"比如，当两个人赌了三局，每人都投注 32 皮斯托尔[4]，
我大概会这样计算每一局的值。假设其中一人赢了两局，另
一个人赢了一局。现在两人再赌一局，如果第一个人赢了，
那么他可以获得全部赌金——64 皮斯托尔；如果另一个人赢
了，情况就变成两人各赢了两局，如果他们要分赌金的话，
则各自收回投注，即 32 皮斯托尔。

"因此，请先生您思考一下，如果第一个人赢了，他一共可拿到 64；如果输了，他可以拿到 32。所以，如果他既不想冒再赌的风险，又不想冒不赌的风险（s'ils ne veulent point hasarder cette partie et se hasarder sans la jouer），那么他可以提议：'我肯定能拿到 32 皮斯托尔，即使输了也可以，另外 32 皮斯托尔既可能被我得到，也可能被您得到：风险是一样的（le hasard est égal）；所以我们可以平分这 32 皮斯托尔，另外，我之前投下的 32 皮斯托尔赌金，我本来就已经可以确定拿回，所以请您还给我。'这样，他可以得到 48 皮斯托尔，而另一位可以拿到 16。"[5]

研究者们常常把注意力集中在帕斯卡尔在信中进行的更复杂的计算上，这些计算的确影响了之后关于概率的论述。但他们忽略了帕斯卡尔用这种方式解决问题的目的：允许在现实（realtà）的基础上对可能性（possibilità）进行概率评估，进而作出决定。如同词组"未完的赌局"本身所说的，暂停真实的赌局并用风险计算来代替它，使得从这个角度看赌注的分配更均等、更有用。不想冒不赌的风险（se hasarder sans la jouer）尤其有意义；他依靠风险来计算概率，却不真的冒险，他从现实中离开，同时将偶然——风险（l'hasard）——转化为一个基于现实来作决定的原则。这就意味着，概率从不会完全地实现，也不针对一个真实的单独事件。如马约拉纳所理解的，概率可以介入现实，从一个特殊的角度说，是为了治理现实而介入。

帕斯卡尔在给费马的信中再次阐释了 hasard［风险］这个概念，它出现在我们期待的地方——著名的关于上帝的赌博（pari），信徒赌的是上帝是否存在，以及，是不确定的永生，还是尘世的欢愉。假定正面代表上帝存在和永生，反面代表上帝不存在，而玩家必须参与赌局。无限的收益和有限的损失之间存在巨大的差距，而两者的可能性相当，这就要求我们不考虑概率（它有可能被计算出来），而从赌注的角度出发来作决定。事实上，收益的不确定性存在于赌局本身，概率计算正是为了帮助在不确定的情况下作决定，而不是用于确保一个不可能的确定性。"不能确保胜出且风险总是存在（il est certain qu'on hasarde）这话对如何下赌毫无用处。以下的表述同样无用：风险的确定性（certezza）和收益的不确定性

（incertezza）之间存在着无限的差距，而这个差距使得被确定地用来冒险的有限好处等同于不确定的无限收益。事实并非如此。每一个玩家都为了不确定的收益而承担确定的风险（hasard）；但为了不确定的有限的收益，他仍然冒着有限的风险，这并不违反理性。"[6] 如果输赢的概率一样，而赌局的赌注一边是无限的，另一边是有限的，那么显然玩家就不能不把这点考虑在内。但在这里，由于赌注是不可分的，同样的计算方式——在"未完的赌局"中建议将赌注平均分配到最后一局——则意味着在收益明显更大的一边下注。我用生命打的赌取决于奖金，而不基于取胜的概率验证（而且这也是不可能的）。

1 布莱什·帕斯卡尔（Blaise Pascal, 1623—1662），法国数学家、物理学家和思想家。他的同时代人安托万·贡博曾向他提出中断的赌局的问题（又被称为"梅累骑士赌局"，可以追溯到中世纪的掷骰子问题）。帕斯卡尔就此与费马通信展开讨论，由此奠定了现代概率论的基础。——译注

2 皮埃尔·德·费马（Pierre de Fermat, ？—1665），法国数学家。他是一位博学多识的地方法官，业余研究数学问题，在该领域建树颇多，被誉为"业余王子"。他与帕斯卡尔就中断的赌局的问题展开的通信为概率论的发展作出了重大贡献。——译注

3 安托万·贡博（Antoine Gombaud, 1607—1684），绰号"梅累骑士"（chevalier de Méré）。——译注

4 西班牙古金币。——译注

5　帕斯卡尔，《帕斯卡尔书信集》（*Les lettres de Blaise Pascal*），Paris：Crès，1922，p.193。——原注

6　同上，《思想录》（*Pensées et opuscules*），ed. L. Brunschvicg，Paris：Hachette，1971，p.440。——原注

10.

在现代统计学中，概率不需要得到经验的验证，这一点已被当作理所当然的事实。而一再天真地将某一个值的频率分配当作被观察系统的一个客观属性的倾向，则被打上了"自然主义误解"（naturalistic fallacy）[1] 的烙印。事实上，重要的是不要把概率的计算和对它的实验验证混为一谈。如果抛硬币的游戏长时间里正反面出现的频率不是 0.5，而是 0.7，或者玩掷骰子的游戏时概率不是 1/6，而是 3/6，那么这些都不意味着概率规律出错了，而可能是硬币和骰子的平衡有问题，需要替换。

统计学并不是以对真实的实验性的认知为目的的科学，而是允许在不确定的情况下作出决定的科学。因此，正如在其起源——掷骰子游戏——中那样显而易见，概率这一概念，与其说植根于长时间里出现的频率，不如说"赌博的临界胜算"（critical odds for a bet）[2] 就在这里。频率不是用来推断系统的某个假定的真实属性的，而是——正如发生在量子力学中的——用来确定或推翻之前的推测的（这点完全和赌博类似）。

1　保罗·德·维内伊斯（Paolo De Vineis），《风险模型》（*Modelli di rischio*），Torino：Einaudi，1990，p.29。——原注

2　同上，p28。——原注

11.

潜能或可能性（dynamis）应被认为与实现（energeia）并存，这一观念可以追溯到亚里士多德（Aristotele）。麦加拉学派[1]认为，潜能只存在于行动当中，即行使的那一刻，这一观念不无道理。亚里士多德反驳到，如果前者是正确的，那么一位不在修建的建筑师则不能被认为是建筑师，也不能称呼一位不在施行医术的医生为医生。[2]潜能（亚里士多德指的是技艺和人文知识）在构成上被如此定义：它有不行使的可能性，有能够存在和不存在，以及转化为行动和不转化为行动的能力。显然，这里的问题在于可能性的存在方式，它正是以尚未转化为行动的形式存在，也就是说，不依赖于它的实际施行而独立存在。因此，亚里士多德可以宣称"每一个潜能都是相对于它所具有的潜能的非潜能（即不去实现的潜能）"。悬置自身的实现的可能性是潜能的概念自身所固有的。

即使亚里士多德毫无保留地断言潜能的存在，他也仍坚定地、不无矛盾地认为潜能或可能性（dynamis）的层面隶属于现实（realtà）和实现（energeia）的层面。不管是从概念的角度看，还是从实质的角度看，实现（energeia）都先于可能性，不仅因为成人先于儿童、人类先于种子（seme），还因为所有的潜能都趋于实现，正如趋于自己的终点。生物有视物的可能，是为了能确实地看见，而不是反之。人类可以认知，是为了认知，而不仅仅是为了拥有认知的可能性。正因如此，亚里士多德声称：一方面，如果没有什么阻碍的话，可能性会自然而然地转化为行动；另一方面，对于有存在的必然性的事物，谈论其可能性是无意义的。[3]

亚里士多德并不了解概率的概念，但在阐述自己的四因说（质料因、形式因、动力因和目的因）时，他提到了偶然（他称之为 automaton 和 tyche）。偶然是非原因（non causa）或意外原因（causa accidentale），它被用于一些事件看似由既定原因造成，却不可预见地、意外地发生的时候。如果某人去了某个地方，不是为了收债，却意外遇见了欠债人，后者还偿还了债务，那么，可以说这次收债的发生是 apo tyches，即出于偶然[4]。

显然，亚里士多德认为某种关于偶然或意外的科学是不可能存在的："不存在关于意外的科学，因为每一门科学的对象都一直如此或通常如此，而意外则不属于这两者之一［……］偶然［tyche，运气］是为了一个目的而选择发生的事情的意外原因，正因如此，偶然和思维行使于相同的事情中，因为没有思维就没有决定。造成偶然发生的原因是无数的，因此，运气对人类理性来说高深莫测，并且它只能意外地成为原因，但在绝对意义上根本不是任何事物的原因。"[5]

如果我们试图用亚里士多德的语言来定义概率，那么我们可以说它是从隶属于行动的等级中解放出来的潜能。既然可以保证它的存在不取决于是否将它自己实现，那么可能性便趋向于取代现实，并成为关于意外的科学的对象（对于亚里士多德来说，这是不可想象的）。这一科学认为概率性就是其本身，不将它作为认识真实的工具，而是一个介入真实并治理它的方式。这与亚里士多德的dynamis（潜能或可能性）更为相似，因为dynamis是技艺和人类认知的确切维度。在《灵魂论》（*De anima*）中，亚里士多德将理智（intelletto）定义为"一个本质是具有潜能的存在"，他还将其比作一块写字板。在现代统计学和量子力学中发生了这样的情况：这块写字板，即纯粹的可能性，取代了现实，现在，知识认知的仅仅是知识本身。根据一位中世纪哲学家的美丽图景，在理智的白板（tabula rasa）上不断被书写的，不是现实，而是思维的潜能本身，"如同在板上自行书写的字母"。

1　麦加拉学派，古希腊小苏格拉底派之一，创立者为麦加拉人欧几里得，深受苏格拉底和爱利亚学派的影响，认为善是唯一的存在。——译注

2　亚里士多德，《形而上学》（*Metafisica*），1046b，29。——原注

3　同上，1050b，18。——原注

4　同上，《物理学》（*Physica*），197a。——原注

5　同上，《形而上学》，1064b/1065b。——原注

12.

现在，如果我们再回到马约拉纳失踪动机的问题上来，我们就可以确定，我们之前研究的文章已毫无疑问地表明他洞见了将概率引入物理学的后果。如果我们将其心理学层面的动机排除在外（正如他本人反复强调的），那么他作出失踪的决定的意义就应该以某种方式和这个概率性的语境相关。夏侠的解读虽然敏锐，但存在局限。它假设马约拉纳因为看到了物理学将导致原子弹发明这个后果而抛弃了物理学。这样说来，他失踪并隐身于一个修道院的决定则像是面对科学所走向的灾难性的道路而惊慌失措的结果（用夏侠的话说，是"不安"与"恐惧"）。这就意味着将马约拉纳的决定放到了他本人强烈反对的心理学的维度中：如同他给卡莱利的信中提到的"易卜生笔下的女主角"（这很可能指的是《玩偶之家》[*Casa di bambola*]里的娜拉，她抛弃了丈夫，因为她失去了对道德的信任），他抛弃了物理学，因为他失去了对科学的信心。

　　相反，如果我们接受他的情况是刻意"不一样的"——正如马约拉纳所坚称的，而且他反对物理研究所的同事对他所作出的偏颇证言："撒拉逊人"的"陌异"、"异常"（如阿马尔迪对他的善意的定义）——那么，他的失踪本身，以及他失踪的动机与意义，就应包含他对量子力学之概率本质的决定性反对。请注意，当马约拉纳与费米相遇时，后者因统计模型而闻名，此模型至今以他的名字命名（根据他们遵循的统计模型，所有的粒子被分为玻色子和费米子，玻色子遵循玻色—爱因斯坦统计，而费米子遵循费米—狄拉克统计）。如同薇依在几年后所直觉到的，马约拉纳立刻便明白了：我们一旦假定一个系统的真实状态本身是不可认知的，统计模型就变得不可或缺，并且只能取代现实。（在笔者所引用的文章中，他写道："因而任何测量的结果似乎都与系统在实验本身的过程中被引向的状态有关，而不是与系统受到扰动之前的那个无法认知的状态有关。"）

　　我们想作出的假设是，如果量子力学有赖于实在必须被概率性遮蔽的惯例，那么失踪就是真实从概率计算中逃脱并不容置疑地被确定为真实的唯一方式。马约拉纳让自己成为真实的本质在当代物理学概率性的宇宙中一个典范的独特符号，并以这种方式制造了一个既绝对真实，又不太可能的事件。在 1938 年 3 月的夜晚，他决定消失得无影无踪，并让关于自己失踪的线索变得扑朔迷离、无法验证。他以此行动向科学提出了一个迄今仍然难以回答又无可逃避的问题：什么是真实？

参考文献

Bohr, Niels, "Can Quantum-Mechanical Description of Physical Reality Be Considered Complete?", in *Physical Review*, October 15, 1935, vol. 48.

Cardani, Hieronymi, *Opera omnia*, vol. I, Lione, 1663.

De Broglie, Louis, *Nuvelles perspectives en microphysique*, Paris: Albin Michel, 1956.

De Vineis, Paolo, *Modelli di rischio*, Torino: Einaudi, 1990.

Pascal, Blaise, *Les lettres de Blaise Pascal*, Paris: crès, 1922.

Pascal, Blaise, *Pensées et opuscules*, ed. L. Brunschvicg, Paris: Hachette, 1971.

Poincaré, Henry, *La science et l'hypothèse*, Paris: Flammarion, 1902.

Schrödinger, Erwin, "Die gegenwärtige Situation in der Quantenmechanik", in *Die Naturwissenschaften*, 1935, 23.

Sciascia, Leonardo, *La scomparsa di Majorana*, Milano: Adelphi, 2004 (1ª ed. Torino: Einaudi, 1975).

Weil, Simone, *Sur la science*, Paris: Gallimard, 1966.

统计规律在物理学和社会科学中的价值[1]

埃托雷·马约拉纳

作者摘要

自然的决定论的概念自身中包含着一个真实的缺陷，即它与我们意识中最确定的经验间存在着无法调和的矛盾。乔治·索雷尔[2]试图用人为性自然和自然性自然（它是非因果性的）的区别来解

1　本文系埃托雷·马约拉纳为一本社科杂志所写，但作者放弃将其发表。由于小乔瓦尼·詹蒂莱（Giovanni Gentile jr.）的努力，本文在詹蒂莱死后发表于杂志《科学》（ Scientia，第 36 卷，1942，pp.55-66）。我们在这里刊印的是由埃拉斯莫·莱卡米（Erasmo Recami）编校过的版本，他是近年来对马约拉纳已编辑和未编辑的作品的问世贡献最多的物理学家（参见莱卡米，《马约拉纳事件：书信、文件、证明》[Il caso Majorana: epistolario, documenti, testimonianze]，Milano：Mondadori，1987；新版，Roma：De Renzi，2008。——原注
2　乔治·索雷尔（Georges Sorel，1847—1922），法国哲学家、社会学家，以工团主义革命理论著称，法国马克思主义的主要引入者之一。他对哲学和社会学的反思，主要基于自己对蒲鲁东、马克思、詹巴蒂斯塔·维柯、亨利·伯格森和威廉·詹姆斯（实用主义）的读解。——译注

决这一矛盾，但这样就否定了科学的统一性。另一方面，物理学的统计规律和社会科学的统计规律之间形式上的相似性让我们相信：人类活动也被严格的决定论支配着。重要的是，量子力学近来的原理除了让人们认识到了对现象的描述缺乏客观性，也让人们认识到了基础进程的终极规律中存在的统计特性。这一结论使得物理学和社会科学间的相似性更具实质性，并揭示了二者在价值与方法上的统一。

对物理学与其他科学之间或真实或假定的关系的研究一直备受关注，其原因是，在近代，物理学对科学思考的大致走向产生了特殊的影响。人们注意到，尤其是力学定律在长时间里被当作我们对自然的不可被超越的认知。很多人甚至相信，其他学科提出的不完备的理论也应最终被重新引导回力学上。这些理念可以证实我们所进行的研究的合理性。

1. 经典物理学中自然的意涵

物理学享有的非凡声望显然要归功于所谓的精确定律的发现，这些定律由一些相对简单的、产生于一些琐碎而粗略的经验的公式组成。其后，这些定律被发现是普遍正确的，不仅适用于现象的新范畴，而且在实验技术逐渐完善、对定律的检验更为严密时，仍然被验证为正确。大家都注意到，根据经典力学的基本概念，一个物体的运动完全取决于它的初始条件（位置和速度）跟施加其上的力。对于物质系统内可能出现的力的属性和大小，力学的普遍定律已经给出了一些必须始终被满足的条件或限制。比如，作用力与反作用力相等的定律和不太久以前在它的基础上增加的另一些普遍规则，如那些关于约束系统（虚功原理 [principio dei lavori virtuali]）或弹性反作用的规则，或更近一些的热力学的阐释，以及被视为力学普遍定律的能量保存定律。然而，除了这些普遍的指引，物理学还有一个特殊任务：逐个地发现实际应用这些动力原理所需要的条件，即认识所有作用于研究系统的力。

然而，在一种情况下，有可能找到对物体间产生的力的普遍表述：当这些物体被相互隔离，因而只通过距离相互作用的时候。在这种情况下，如果不考虑后来发现的、仅在某些特别条件下显现的电磁力，那么唯一起作用的力就是普遍存在的引力。引力是牛顿在开普勒定律的数学分析基础上发现的。牛顿定律的典型应用是对天体运动的研究。天体之间存在着巨大的空的空间，相互间只能通过距离产生影响。我们知道这一定律足以从任意角度以惊人的精确度预测我们行星系统的复杂运动。仅有一个小小的例外，那就是水星近日点每一百年回归年的偏差——对它的成功解释是对最近的广义相对论最重要的验证。

力学在天文学中的应用取得了轰动性的成功，这自然鼓励人们相信这样的假设：普通经验中更复杂的现象最终也应该可以被归结为与引力类似的、甚至更普遍的机制原理。于是就产生了自然的机械论观念，根据这个观点，整个宇宙的物质都遵从一个没有弹性的定律，使得它在某一瞬间的状态完全取决于前一瞬间的状态。这意味着整个未来都隐含在当下之中，也就是说，能绝对肯定地预测未来——只要我们完整地了解宇宙现在的状态。这一彻底的自然决定论观点在之后得到了无数次验证。物理学之后的进一步发展——从电磁感应定律的发现到相对论，都是经典力学定律循序渐进的扩展，同时它们又完全肯定了其核心——彻底的物理因果性。

毋庸置疑的是，当代科学，甚至与物理学相距甚远的学科，其伟大进展都应归功于——甚至仅仅归功于——决定论。决定论不给人类的自由留出任何空间，并迫使人们将生活的所有现象视作错觉，虽然它们看上去是符合目的论的。即使如此，它还是隐含着一个缺陷：我们意识中最确定的事实之间不可调和的、直接的矛盾。

这一观点近几年如何被真正地超越（恰好是在物理学中），我们后面再介绍。我们最终的目标是阐明统计规律的传统概念的更新应当跟随当代物理学的新方向。但现在我们还是想继续遵从经典物理学的概念，不仅仅因为它在历史上的意义，还因为它仍然是除了小部分专家外唯一为大部分人所熟知的科学。

在结束引言之前，我们认为应该说明，对决定论的批判的大量兴起是不久之前才开始的。哲学界对决定论的批评，即使是令人信服的那些，也没有超出哲学的范畴，而科学的问题则完全未被牵扯进去。在乔治·索雷尔的作品 [1] 中可以发现，他试图解决这一具体的科学问题。他代表的是实用主义或多元主义，这一运动的支持者认为，各种自然现象中真实存在的异质性排除了一个关于它们的统一知识的存在可能性。每一个科学原理都应该被应用于一个确定领域的现象，而永远不能普遍适用。索雷尔以特殊的方式批判了决定论，他断言决定论只能用于他称为人为性自然（natura artificiale）中的现象。这些现象的特点是它们不伴随一个可察觉的能量降级（从热力学第二定律的意义上说）。这些现象有时自发发生，尤其是在天文学中，但它们仅仅是简单的观察材料；而更经常地，它由实验者在实验室引发。实验者非常小心地将所有可能的被动阻力去除。另外一些现象属于普通经验，或者说自然性自然（natura naturale），它们的发生伴随着消极的阻力。这些现象不被确定的定律控制，而是取决于偶然性。索雷尔明确地提到了詹巴蒂斯塔·维柯 [2] 的一个形而上学原则。

1　索雷尔，《实用主义效用》（De l'utilité du pragmatisme），第 4 章，Parigi，1921。——原注

2　詹巴蒂斯塔·维柯（Giambattista Vico，1668—1744），意大利政治哲学家、修辞学家、历史学家和法学家，代表作为《新科学》（Scienza Nuova）。——译注

在这里，我们不想讨论科学在某个具体方面所受到的主观强调，因为它代表着一个不再属于我们的时代。在这里，我们需要注意：以实际使用为标准评判科学学说的实用主义原则，不能以任何方式否定科学具有统一性这一观点，这个观点多次促进了科学的发展。

2. 统计规律与社会统计学的经典意义

为了更好地理解力学的统计规律，需要提及一个古人就已熟悉的关于物质结构的假设。道尔顿[1]的著作将这个假设在上世纪初真正带入科学的领域。他首先在原子论假说中认识到最近才发现的普通化学定律的符合自然的解释。根据现代原子理论（这一理论已被物理学方法明确地验证了），自然中存在很多种不可分的基本粒子或原子，以及同样数量的简单化学元素。两个或两个以上相同或不同种类的原子组成分子。分子是可以单独存在并保持明确化学成分的最小粒子。单个

1　约翰·道尔顿（John Dalton, 1766—1844），英国化学家、物理学家和气象学家。他是近代原子理论的提出者，将原子理论引入化学领域，使化学领域自那时起有了巨大的进展。——译注

分子（有时也包括分子内的原子）并无确定的位置，它们围绕自身进行着快速的平移和旋转运动。气体的分子结构尤其简单。事实上，在气体的普通状态下，单个的分子可以被认为是相当独立的，就它们的体积而言，它们之间的距离相当大。根据惯性原理，它们的运动是直线性的、均匀的，并且只在相互碰撞时才会立刻改变方向和速度。如果我们假定自己可以精确地了解到控制着分子间相互影响的定律，那么，根据普通力学原理，只需要再确定起始时刻所有分子的位置，以及它们平移和旋转的速度，就能在原则上（尽管这些计算可能过于复杂，而无法被实际操作）预测一定时间后系统的准确状态。然而，常规的观察方法不能够为我们提供系统在某个瞬间的准确条件，所以对力学的决定论模式的使用总归会受到一个理论上的限制。它们只能提供给我们一定数量的总体信息。例如，对于一定量的气体所给出的物理系统，只需要气体的压力和密度就足以得知其他变量，比如温度、黏度系数等其他一些特定的测量对象。换言之，在这种情况下，压力和密度的值足够完全地决定宏观角度的系统状态，即使它显然不足以确定系统每一刻的完整结构，以及所有分子的分布位置和速度。

为了能清晰简洁且不用任何数学工具说明一个系统的宏观状态（A）与其真实状态（a）之间关系的本质，并从中得出一些推论，我们需要在精确度上作出一定的牺牲，但我们会避免改变事实的要素。因此，我们需要明白，宏观状态 A 对应于大量实际的可能性情况 a，a'，a''……，但我们无法通过观察将它们区分开来。在经典理论的框架下，这个内部可能性的数量 N 是无限的，但量子理论在描述自然现象时引入了一个本质的不连续性，因此，系统结构的可能性的数量（N）虽然巨大，但仍是有限的。N 的值给了系统隐藏的不确定性一个可测量的级别。但在实际应用中，我们还是将其看作一个与对数成比例的量，即 S=k log N，k 是通用的玻尔兹曼常数（la costante universale di Boltzmann）[1]。这样一来，我们就可以使 S 与熵（一个已知的热力学的基本量）相符合。事实上，

---

1 路德维希·玻尔兹曼（Ludwig Boltzmann，1844—1906），奥地利物理学家，热力学和统计物理学的奠基人之一。他发展了通过原子的性质来解释和预测物质的物理性质的统计力学，并在统计意义上对热力学第二定律进行了阐释。1877 年，波尔兹曼提出用熵（S）来衡量一个系统中分子的无序度（N），并给出熵与无序度之间关系的公式，也就是 S=k log N，此即著名的波尔兹曼公式，其中，常数 k 被称为波尔兹曼常数。——译注

熵是一个物理量，跟重量、能量等一样，尤其是因为它同其他量一样都有累加属性，也就是说，一个由几个独立部分组成的系统的熵跟每个部分的熵的总和是一样的。只需要以下两点就能证明上述观点：第一，复合系统潜在状态的可能性的数量，显然跟各个组成部分潜在状态的可能性的数量的乘积相等；第二，根据一个著名的基本定律，两个或多个数字的乘积的对数等于它们各自的对数之和。

　　一般来说，要确定与宏观状态 A 相对应的内部构型的系综 a, a', a"……并不困难。然而，这一点是存在争议的：是否可以认为，所有单个的可能性 a, a', a"……都拥有同样的概率？根据一个普遍认为已被验证的理论（即各态历经假说 [ipotesi ergodica]，或者准各态历经假说 [quasi ergodica]），如果一个系统长时间处于不确定的状态 A，那么，可以断言它在所有构型 a, a', a"……上都经历相同的时间；因而实际上可以认为所有可能的内部构型都有相同的概率。事实上，这是一个新的假说，因为宇宙很难长时间停留在同一个不确定的状态，它处于不断的变化当中。我们暂且将它看作完全合理的操作性假说，但它的最终推论结果有时可能无法被验证，即系统所有可能的内部状态（在理论上，不经验证的）具有相同的概率。根据此假说，与宏观状态 A 相联系的统计系综（complesso statistico）就可以完全被确定了。

统计力学的普遍问题可以这样来总结：如果起始状态 A 已经在统计学上被确定，那么，可能存在哪些关于它在时间 t 时的状态的预测？乍看上去，对这个问题的界定可能显得太过局限，因为除了动态问题，还有其他静态问题可以被考虑进去。比如，一种已知压力和密度的气体的温度是多少？与之类似，这也适用于所有这样的情况：当我们想要从系统的某些已知的足以决定状态的特征中推断出一个感兴趣的量的时候。[动态问题和静态问题的] 区别可以在形式上被忽略：只要在系统中运用适当的测量工具，就总是可以回到前一个状态。

假设将被研究的系统的初始状态描述为一个所有可能情况的统计系综 A=（ a，a'，a"…… ），如前所述，这些可能的情况具有相同的概率。基于一个规律——按照普通力学原理，我们仍需要严格地将此规律看作是因果性的——每一个具体的状态都随着时间改变。因此，一段时间后，系统会从 a, a', a''……系列过渡到另一个确定的 b, b', b''……系列。如同原始的系综 A，统计系综（b, b', b''……）同样由 N 个具有相同概率的可能的元素组成（刘维尔定理［teorema di Liouville］[1]），它可以预测系统发展过程中所有可能的状态。出于一个只有复杂的数学分析才能准确解释的原因，通常情况下，所有属于系列 b, b', b''……的简单元素（除去部分完全可以忽略的例外），都会成为一个新的统计系综 B 的全部或部分。跟 A 一样，B 在宏观上是一个相当确定的状态。因此，我们可以宣称，根据统计规律，实际上系综一定会从状态 A 转变为状态 B。根据上面的讨论，统计系综 B 至少跟 A 一样广泛，也就是说，B 包含的元素不少于 N；B 的熵因而等于或大于 A 的熵。任何符合统计规律的自发产生的转变都会使熵保持恒定或上升，而永远不会下降。这就是著名的热力学第二定律的统计基础。

---

1 约瑟夫·刘维尔（Joseph Liouville，1809—1882），法国数学家。他为双周期椭圆函数问题、微分方程边值问题和数论中超越数问题的研究作出了重大贡献。刘维尔定理是复变函数的基本定理之一，其内容可简单描述为"一个有界的整函数必是常函数"。——译注

很明显，从实际的角度看，可以认为从 A 到 B 的过渡是确定的。这就解释了为什么在历史上统计规律起初被认为和力学定律一样准确，只是在之后的理论研究过程中，人们才认识到了它的真正特征。大部分的物理学都使用了统计学。我们记得的最著名的运用的例子包括气体状态方程、扩散作用理论、热传导性理论、黏度理论、渗透压理论及其他一些相似理论。统计规律在辐射理论中的运用值得特别注意，它第一次将普朗克常数所代表的不连续性引入物理学。然而，还有热力学这个物理学中的完整分支，虽然它的原则是建立在经验基础上的，但仍可以归结到统计力学的普遍概念上。基于以上讨论，可以将经典物理学中统计规律的意义总结如下：1）自然现象遵循绝对的决定论；2）常规的观察无法使我们准确认识系统的内部状态，只能确定宏观角度无法区分的无数可能性的系综；3）在建立了关于不同可能性的概率的合理假说，并假设了正确有效的力学定律的基础上，概率的计算能够对之后的现象作出基本确定的预测。现在我们可以研究经典力学确立的定律跟被同样称为定律的（尤其是在社会科学中）纯经验的规则之间的关系。

　　我们首先要认识到二者间的关系极其紧密。当我们提出一个统计规律，比如，"在一个欧洲类型的当代社会中，年度结婚率大概是 8/1000"，很明显，这里只定义了被调查的系统的几个总体特征，而有意识地放弃调查更多深入的资料（比如，被研究的社会中每个人的人生轨迹），而这些资料无疑能比笼统的统计规律更好地帮助我们准确和确定地预测现象。这跟简单地用压力和体积来定义气体，而有意识地不研究所有分子的初始状态并无区别。二者间实质上的差别是，物理统计规律带有明确的数学特征，而社会统计规律带有明显的经验主义特征。然而，我们可以合理地将社会统计学的经验主义（经验主义一词是指它的结果不稳定且含有偶然性）归因于研究现象的复杂性，因此，不可能精准地确定规律的内容和条件。另一方面，当研究纯实用型的现象时，物理学也有经验性的规律，比如，固体摩擦定律，或者不同种类的铁的磁属性，以及其他类似的规律。最后，我们可以特别注意调查方法上的不同：物理学中的方法是通用的（只需要看测量工具的读数就可以知道气体的压力，即使压力来自单独的分子传给容器壁的独立冲量的总合），而在社会统计学中则需要逐一记录个体的情况。但是这一不同也不是绝对对立的，因为社会统计学中还存在很多不同的间接调查的方法。在接受物理学与统计学之间的相似性的基础上，我们可以推断以下说法是合理的：物理统计规律合理地推测一个严格的决定论的存在；社会统计规律以类似的方式成为人类活动也受绝对的决定论支配的最直接证明。这一看法被广泛接受的原因是，如前所述，由于其他原因，将经典物理学的因果性看作通用价值的模型是一个大趋势。在此处提起这个古老的尚未得出结论的议题有些不合时宜，但我想提醒大家注意一个被普遍接受的事实：对自然的相互冲突的感知一直存在，这一冲突始终没有得到调解，这一点对现代思潮和道德价值观产生了重要的影响。最近几年，物理学明确地拒绝了经典力学中绝对的决定论，因此，几乎可以确切地说，它被迫放弃了它的传统方向——这一点不应仅仅被当作一个科学上的奇闻来看。

3. 物理学的新意涵

我们无法用短短几行来完整地展现数学模型和实验内容。[1]

1　想要深入了解这部分知识，又想尽可能避免太深的数学内容的读者，可以参见海森堡，《量子论的物理原理》(*Die Physikalischen Prinzipien der Quantentheorie*)，Lipsia，1930。——原注

由于篇幅所限，我们只能进行简单的阐述。有一些实验事实（干涉现象）长时间以来就毋庸置疑地支持着光的波动性理论；而最近发现的一些事实（康普顿效应［effetto Compton］[1]）则坚定地支持相反的观点：微粒理论。所有试图在经典物理学内解决这一矛盾的努力都完全失败了。这些失败看似无足轻重，除非考虑到以下现象：那些无法被解释的和另一些本质完全不同却同样难以被解释的事实，以及几乎所有的物理学家都知道的至今仍未被充分解释的现象，都在最近几年得到了一个异常简单的统一解释。这一解释就包含在量子力学的定律当中。从来没有哪个理论像这个卓越的理论一样稳固地建立在经验的基础上。它曾经且正在受到的批评并不是要质疑它的应用的合理性，而是针对以下观点：人们普遍认为这一新方向应在物理学的未来发展中被保留，甚至被更加重视。与经典物理学相比，量子物理学拥有的不同特征主要有

1　阿瑟·康普顿（Arthur Compton，1892—1962），美国物理学家。1922—1923 年，康普顿在研究 X 射线通过实体物质发生散射的实验时，发现了一种新的现象，即散射光中除了有原波长 λ0 的 X 光外，还产生了波长 λ > λ0 的 X 光，其波长的增量随散射角的不同而变化，这种现象被称为康普顿效应。1923 年，康普顿发表了这一研究成果，并借助爱因斯坦的光子理论，从光子与电子碰撞的角度对此实验现象进行了圆满的解释。1927 年，康普顿因这一发现获得诺贝尔物理学奖。此外，康普顿亦曾参与"曼哈顿计划"，并于 1942 年 12 月与费米等人协作建立芝加哥一号堆。——译注

以下这些方面：

　　a）自然中并不存在表现一系列不可避免的现象的规律；即使是关于基本现象（原子系统）的基础规律，也带有统计学特征，只能确定对某个以既定方式准备的系统的测量会得到某个特定结果的概率，而这并不取决于我们所用以确定系统初始状态的手段能达到怎样高的精确度。这些统计规律表现出决定论的一个真实缺陷，并且和经典统计学毫无共同之处。在经典统计学中，结果之所以不确定，是由于为实际操作方便而主动放弃研究物理系统初始状态的各个细节条件。之后，我们会提到一个关于此新自然规律的著名例子。

　　b）对现象的描述缺乏某种客观性。任何针对原子系统所开展的实验都会对该系统本身造成一定的扰动，出于原理性原因，这种扰动无法被消除或减弱。因而任何测量的结果似乎都与系统在实验本身的过程中被引向的状态有关，而不是与系统受到扰动之前的那个无法认知的状态有关。比起仅是缺乏决定论，量子力学的这一方面无疑更加令人不安，也就是说，它与我们的日常直观感受相距甚远。

在关于基本现象的概率规律中，控制放射过程的概率规律最早被注意到。任何一种放射性物质的原子在释放出 α 粒子（氦原子核）后，或者在另一些情况下释放出 β 粒子（电子）后，在时间间隔 dt 内发生转变的概率是 mdt。死亡率 m 是一个常数，也就是说，不取决于原子的年龄。这给了生存曲线一个特定的形式（指数型）。平均寿命相当于 $1/m$，同样，我们可以用基本的方法计算可能的寿命，这有时也被称为转变期。两者都和原子的年龄无关，事实上，原子并不会随着时间的流逝而表现出衰老的特征。存在多种观察和自动记录放射性物质中单个原子转变的方法。因此可以通过直接的统计测量和概率计算验证，单个的放射性原子在转变的瞬间互不影响，也不受外界影响；在一定时间间隔内发生衰变的数量仅仅受限于纯随机的波动，也就是说，取决于个体转变规律的概率性。

量子物理学帮助我们在放射性转变的指数规律中发现一个不能被归结为简单的因果性机制的基本规律。当然，根据量子物理学，经典力学中已知的关于复合系统的统计规律仍然有效。量子力学还根据物理系统本质的差异，以两种不同的方式（玻色—爱因斯坦理论和费米理论）修改了决定内部构型的规则。然而，将一种新的统计规律（不如简单地说是概率规律，它隐藏在普通的统计规律之下，取代了决定论的假设）引入物理学，这迫使我们重新看待我们前面表述的它与社会统计规律之间的相似性。毋庸置疑，后者的统计特征至少部分源于现象的条件被确定的方式：它是笼统的方式，即合适的统计学方式，这就允许了无数不同且具体的可能性的复合体的存在。另一方面，前述的放射性原子的死亡率表引导我们自问，在这里，与可以用某种类似的语言来描述的社会性事实的真实相似性是否真的不存在。

乍看上去，似乎有些东西否定了这种相似性。原子的衰变是个简单的事实，它的发生不可预测且非常突然，有时相隔几千年，甚至数十亿年，这和社会统计学记录的事实完全不同。然而，这个反驳并非无法推翻。放射性原子的衰变可以被原子计数器以力学效应记录下来（在适度放大的情况下）。因而只需要实验室中通用的器材，就可以引发被单个放射性原子的随机裂变所命令（comandata）的一系列复杂可见的现象。从严格的科学的角度看，没有什么可以阻碍我们认为以下看法是合理的：在人类活动的根源里也能找到同样简单的不可见且无法预见的重要事实。如果真是我们所认为的这样，那么社会科学中统计规律的功能就会增强，这个功能并不仅仅是凭经验确定大量未知原因的结果，更重要的是，它给现实提供一个直接且具体的证明。诠释这一证明需要特殊的技艺，它是治理技艺的重要支持。

图书在版编目（CIP）数据

什么是真实？：物理天才马约拉纳的失踪/（意）吉奥乔·阿甘本著；温琰译. -- 武汉：长江文艺出版社，2021.1

（拜德雅.人文丛书）

ISBN 978-7-5702-1934-6

Ⅰ.①什…　Ⅱ.①吉…②温…　Ⅲ.①真实性　Ⅳ.①B81

中国版本图书馆CIP数据核字（2020）第223139号

拜德雅·人文丛书

什么是真实？物理天才马约拉纳的失踪

SHENME SHI ZHENSHI? WULI TIANCAI MAYUELANA DE SHIZONG

［意］吉奥乔·阿甘本　著

温　琰　译

WUXU　校

特约策划：拜德雅　　　　特约编辑：任绪军
责任编辑：程　婕　　　　责任校对：张　晗
封面设计：左　旋　　　　责任印制：李雨萌

出版：长江出版传媒　　长江文艺出版社
地址：武汉市雄楚大街268号　　邮编：430070
发行：长江文艺出版社
http://www.cjlap.com
印刷：湖北新华印务有限公司

开本：1092mm×787mm　1/32　印张：3.375
版次：2021年1月第1版　　2021年1月第1次印刷
字数：57千

定价：38.00元

版贸核渝字（2017）第 294 号

拜德雅
Paideia
人文丛书

（已出书目）